오이디푸스
L'Œdipe

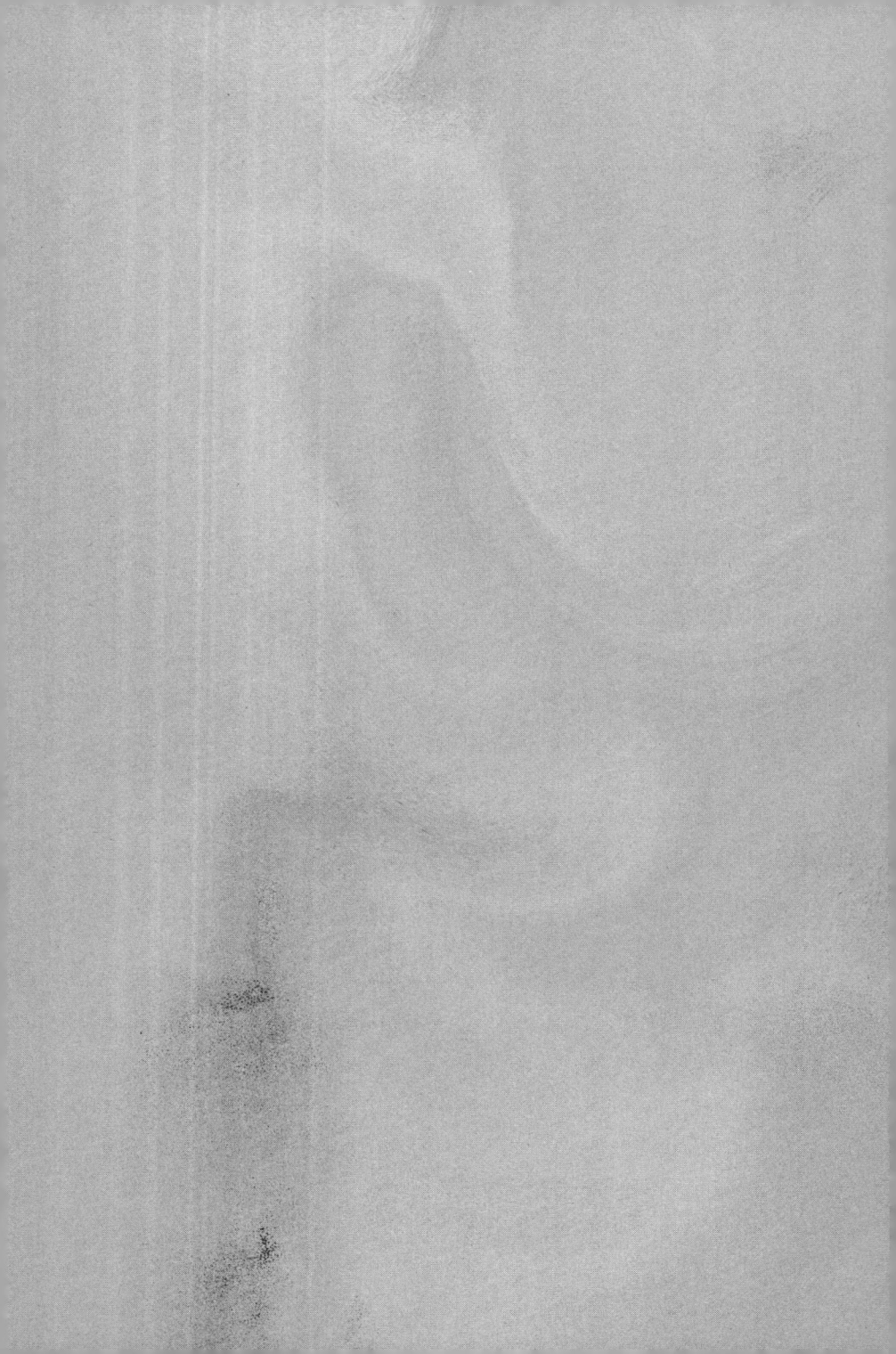

오이디푸스

정신분석의 가장 근본적 개념

장-다비드 나지오 지음 | 표원경 옮김

L'Œdipe
Le concept le plus crucial de la psychanalyse
by Juan-David Nasio

Copyright © 2005, 2012, Editions Payot & Rivages

Translated by Pyo Won-Kyung
Korean Edition Copyright © 2017 by Handongnei, Korea
All rights reserved.
This Korean edition published by arrangement with Editions Payot & Rivages through Shinwon Agency

오이디푸스를 피할 수 있는 아이는 없다

지금부터 내가 말하려고 하는 오이디푸스는 남자와 여자의 성정체성의 기원과 더불어 신경증적 고통의 기원을 설명하는 신화이다. 이 신화에는 보통 가정의 아이는 물론, 한 부모 가정의 아이와 재혼 가정의 아이, 그리고 동성애 부부의 아이, 고아거나 사회기관에 입양된 아이 등, 모든 아이들이 해당된다. 즉 오이디푸스를 피할 수 있는 아이는 없다! 왜 그럴까? 어떤 아이도, 남아이든 여아이든 네 살 가량의 아이는 세차게 밀려오는 성애적 욕동의 격류를 피하지 못하기 때문이며, 아이와 가까운 어떤 어른도 아이 욕동들의 표적이 되는 것을, 그리고 그 욕동들을 조재워야 하는 것을 회피할 수 없기 때문이다.

차 례

들어가기 • 10

❶ — 소년의 오이디푸스

처음에는 성욕을 자극하는 감각적인 몸이었다 • 25
세 개의 근친상간적 욕망 • 30
세 개의 쾌락 환상 • 35
세 개의 거세불안 환상 • 44
소년의 오이디푸스 해법: 부모에게 성적 의미 없애기 • 50
여자에 비해 남자는 본능적으로 겁이 많다 • 52
오이디푸스의 열매: 초자아와 성정체성 • 57
소년의 오이디푸스 논리 요약 • 60

❷ — 소녀의 오이디푸스

전 오이디푸스기: 소녀는 소년과 같다 • 65
고독의 시기: 소녀는 외롭고 비참하다고 느낀다 • 70
남근을 소유한 데 대한 질투어린 부러움 • 75
오이디푸스기: 소녀는 아버지를 욕망한다 • 78
오이디푸스의 해소: 여자는 남자를 욕망한다 • 82
여자에게 최고의 여자다움은 여자의 마음속에 있는 아버지가 만든다 • 88
소녀의 오이디푸스 논리 요약 • 94

❸ ― 오이디푸스에 관한 질문과 답변

　　오이디푸스 개념은 어떤 문제를 해결하는가 • 99

❹ ― 오이디푸스, 평범한 신경증과 병적인 신경증의 원인

　　평범한 신경증은 잘못 억압된 오이디푸스, • 137
　　병적인 신경증은 외상적 오이디푸스의 결과

　　여성 신경증의 형태로 재발되는 오이디푸스: • 145
　　성적인 혐오와 남성성에 대한 콤플렉스. 그리고 유기불안

　　오이디푸스 이론으로 어떻게 거식증을 이해할까?: • 150
　　거식증은 젊은 여성 환자가 아버지의 총애를 받는 이상화된 아들과
　　동일시된 결과

❺ — 오이디푸스에 관한 작은 주제들

거세는 현실이 아니라 불안에 붙여진 이름이다 • 159
남성의 오이디푸스 안에 있는 아버지의 초상 • 162
여성의 오이디푸스 안에 있는 어머니의 초상 • 164
여성의 오이디푸스 안에 있는 남근의 초상 • 166
남성의 오이디푸스 안에 있는 초자아와 세 가지 역할의 아버지 • 169
인형놀이 • 170
남근적 전능환상 • 171
공포증은 투사, 히스테리는 반항, 강박증은 전위이다 • 172
신경증적 증상의 양성적인 의미 • 178
히스테리는 무엇인가? • 180
어른의 히스테리는 아이였던 그가 부모와 가졌던 • 181
지나치게 감각적인 관계에서 유래되었다
여성 히스테리 환자는 사랑이 두렵다 • 185
라캉의 세 얼굴을 한—상징적, 실재적, 상상적—오이디푸스의 아버지 • 187
오이디푸스 안에 있는 세 유형의 결여 • 191
남성의 입장과 여성의 입장 • 193

❻ ─ 오이디푸스 관련 프로이트와 라캉의 저작 발췌

　　프로이트 • 199
　　라캉 • 2⑴
　　발췌문의 참고문헌 • 222

오이디푸스 관련 참고문헌 • 224

들어가기

"아이에게 어머니와의 관계는 성적인 자극과 만족의 지속적인 원천이다. 그리고 그것은 어머니가 아이를 완전히 대체된 성적 대상으로 여겨서, 매혹하고 안아주는 만큼 더하다. 물론 어머니는 자신의 부드러운 손길이 아이의 성적 욕동을 자극한다고 하면 말도 안 된다고 할 것이다. 어머니는 신체적으로 꼭 돌봐야하는 경우가 아니라면 아이의 생식기를 건드린 적 없기 때문에, 자신의 행위는 비성적인 것이라고 성본능과는 전혀 상관없는 순수한 사랑의 표현이라고 생각한다. 그러나 우리는 이미 성적인 욕동이 꼭 생식기를 자극해야만 일어나는 것도 아니고, 부드러운 손길이 몹시 자극적이라는 것도 잘 알고 있다."

— 프로이트

들어가기 *Ouverture*

"남자아이가 어머니를 사랑해서 아버지를 멀리하기 원하고, 여자아이가 아버지를 사랑해서 어머니를 멀리하기 원한다." 간단한 이 말은 정신분석에 대한 가장 낡고 진부한 관념, 오이디푸스 콤플렉스를 사랑이야기로 생각하는 가장 잘 알려진 상투적인 표현이다. 이보다 더 프로이트의 오이디푸스 콤플렉스를 오해하는 말도 없다. 일단 오이디푸스 콤플렉스는 부모와 아이 사이의 사랑과 미움에 대한 이야기가 아니다. 그것은 서로 쓰다듬고 껴안고, 깨물고, 보여주며, 바라보는 쾌락을 느끼는 몸, 즉 가까운 만큼 서로를 아프게 하는 쾌락을 느끼는 몸과 성에 관한 이야기이다. 오이디푸스는 몸과 욕망, 환상과 쾌락에서 나오는 사건이다. 그래서 그것은 결코 감정이나 다정 표현의 사건이 아니다. 아이와 부모는 서로 사랑할 수도 있고, 또 서로 미워할 수도 있지만 그 사랑과 미움의 한복판에서 성적 욕망은 조용히 움직인다.

오이디푸스는 정말 이상하다. 왜냐하면 그것은 네 살 난 아이가 그 작고 어린 몸과 머리로 자기 부모를 상대로 성인과 같은 성적 욕망을 체험한다는 것이기 때문이다. 오이디푸스의 순진한 아이는 부끄러움도, 죄의식도 없이 부모에게 성적인 의미를 부여하고, 욕망의 대상이 된 부모를 자신의 환상 안에 끌어 들여서, 어른들의 성적인 몸짓들을 거리낌 없이 흉내 낸다. 아이가 생애 최초로 자신의 몸에서 타인을 향한 에로틱한 움직임을 인식하는 오이디푸스에는 더 이상 젖을 찾는 입이 아니라, 어머니의 몸 전체를 안고 싶어 하는 존재 전체가 관련된다. 오이디푸스의 아이는 욕망과 그로 인한 쾌락 때문에 행복하다. 그러나 바로 그 욕망과 행복 때문에 위험과 두려움을 느끼고 불안해진다. 그는 어떤 위험을 느낀 것일까? 그것은 열정^{élan}으로 달아올라 어쩔 줄 모르는 자신의 몸을 보는 것, 자신의 욕망이 생각처럼 통제되지 않아 뒤죽박죽이 된 머리를 보는 것, 결국 자기 부모를 성적 대상으로 삼았기 때문에 근친상간 금지법에 해당하는 벌을 받게 된다는 것이다. 욕망과 환상 때문에 흥분과 행복을 갖게 되었지만, 그로 인해 아이는 불안에 사로잡혀서 방황한다. 오이디푸스가 위기가 된 것, 그것은 성애적 쾌락과 두려움 사이의 줄다리기, 즉 욕망이 주는 흥분과 욕망의 불꽃 속에서 사라질 것 같은 두려움 사이의 팽팽한 줄다리기 때문이다.

그리하여 아이는 타협하지 않고 반응한다. 행복과 불안 사이에서 이러지도 저러지도 못하게 된 아이는 완전히 잊어버리고 전부 지워버리는 것 말고는 다른 출구가 없다. 그렇다. 오이디푸스에 있는 아이는 누구라도, 그가 여자아이든 남자아이든, 환상과 불안을 강력하게 억압해서 자기 부모를 성적 파트너로 삼는 것을 멈추는 그때부터, 새롭고 합법적인 욕망의 대상을 사로잡기 위해 유연해진다. 그렇게 점차 부끄러움을 알게 되고, 죄의식과 도덕의식도 발달하며 자신을 남자로, 혹은 여자로 인식하는 성정체성도 자리 잡는다. 적절한 — 아주 적절한 — 일시적인 욕동의 정지 기간을 지나 사춘기가 되면, 두 번째 오이디푸스의 혼란이 나타난다. 어린 청소년은, 이미 그가 네 살 적에 했던 것과 같이, 달아오른 충동을 사춘기의 완전히 달라진 몸과 새로운 사회적 요청에 맞추어야만 한다. 그러나 사춘기에 해야만 하는 그 같은 조정은 쉽지 않아서, 청소년은 위기에 처하고, 우리는 그들과 많은 어려움을 갖게 된다. 청소년은 그가 오이디푸스를 끝내며 했던 것처럼, 자신의 흥분을 잠재울 줄 모른다. 오히려 그들은 반항적이 되어 자기의 욕망을 부추기거나, 반대로 너무 난폭하게 억눌러서 주눅 들고 무기력해진다. 아무튼 청소년기의 오이디푸스 화산은 꺼지지 않아서, 시간이 흘러 어른이 된 다음에도, 감정적인 갈등 상황 앞에서 공포증이나 히스테리, 강박증과 같은 신경증적인 고통의 형태로 폭발할 수 있다.

또한 분석 중, 인위적인 전이신경증을 일으킬 때에도 오이디푸스는 다시 활성화 된다. 나는 이러한 환자와 정신분석가 사이의 전이를 현재 반복되어 실현된 오이디푸스 콤플렉스라고 했다.

오이디푸스는 무엇일까? 오이디푸스, 그것은 통제할 수 없는 성적인 욕망에 이끌려 다니는 네 살 가량 된 아이가 겪어낸 시련이다. 거기서 아이는 자신의 흥분을 억제하는 법을 배워야 한다. 그래서 그것을 미성숙한 몸의 제약과 태어나는 양심의 제약에, 성적인 대상으로서 자신의 부모를 취하기를 멈추라고 명령하는 법의 암묵적인 제약에 맞춰야 한다. 따라서 오이디푸스의 본질은 범람하는 욕망을 유도하는 방법을 배울 때 절정에 다다른다. 오이디푸스에 이르러 비로소 우리는 거침없는 욕망에게 이렇게 말한다. "자, 진정하고 침착하게 사람들과 사는 법을 배우자!"라고. 결론적으로 오이디푸스는 길들여지지 않은 거친 욕망에서 사회화된 욕망으로의 힘겨운 입문 과정이며, 완벽하게 충족되는 욕망은 없음을 인정하는 어려운 과정이다.

또한 오이디푸스는 성장기의 성적 위기이고, 그 위기가 유아의 무의식 안에서 빚어낸 환상이다. 사실 삶의 지축이 흔들리는 오이디푸스의 체험은 아이의 무의식에 기입되어, 주체의 성정체성은 물론 여러 가지 성격적인 특성과, 감정적 갈등을 다루는 태도 등을 결정하는 환상으로서 생애 마지막까지 지속된다. 혹시 아이가 오이디푸스 위기에서 너무 일찍, 너무 강렬하게, 그리고 너무 뜻밖에 쾌락을 경험했다면, 그 너무했던 쾌락의 체험이 트라우마가 될 수 있고, 거기서 비롯된 환상은 훗날 확실히 신경증의 원인이 될 수 있다.

그러나 오이디푸스는 정신분석의 가장 근본적인 개념으로서, 성적인 위기나 그 위기가 무의식 안에서 빚어낸 환상보다 훨씬 중요하다. 오이디푸스 콤플렉스라고 하는 성적인 경험에서 아이가 경험한 모든 감정들이 분석가가 우리 같은 어른을 생각하는데 소용이 되는 모델이기 때문에, 나는 그것을 정신분석 자체라고 하고 싶다. 오이디푸스의 아이가 그랬듯이, 우리는 타자를 향해 커져가는 욕망을 느끼고, 환상을 다듬어가며, 우리 자신의 몸이나 타자의 몸에서 쾌락을 갖기도 하고, 충동에 지배당하는 것을 두려워하다가 마침내, 사회에 적합한 사람이 되기 위해 욕망과 쾌락을 억제하는 법을 배운다. 정신분석은 모든 아이가 욕망을 억제하고 쾌락을 완화시킬 줄 알게 되면서 건너가는 오이디푸스의 경험을 통해, 우리 앞에 있는 인간을 이해하는 이론이 뒷받침된 치료가 아니라면 무엇일까?

한편, 오이디푸스는 신화이다. 네 살 난 아이에게 어느 날 갑자기 찾아온 실제적이고 구체적인 이 위기는 한 개인의 거침없는 욕망의 힘과 그에 맞서는 문화의 힘 사이에 벌어진 전쟁에 대한 탁월한 비유이기 때문이다. 그리고 이 전쟁이 가질 수 있는 최고의 출구는 수치심과 친밀감이다.

오이디푸스는 어떤 위치를 가질까?
현실일까, 환상일까, 개념일까, 아니면 신화일까?

오이디푸스의 진짜 지위는 무엇일까? 아이의 행동에서 관찰할 수 있는 성장기의 성적 위기일까? 아니면 무의식에 등록된 환상일까? 분석이라는 건축물의 대들보처럼 없어서는 안 되는 이론적인 구조일까? 아니면, 단순히 근친상간 금지의 보편성이 인간이 갖고 있는 근친상간이라는 미친 욕망에 대응하는 것임을 우리에게 밝혀주는 현대판 신화일까? 과연 오이디푸스는 현실, 환상, 개념, 또는 신화 가운데 무엇일까? 나는 오이디푸스를 이 모든 것 전체로 — 현실, 환상, 개념, 신화 — 본다. 그러나 정신분석가들은 오이디푸스를 일단 환상, 그것도 이중 환상으로 본다. 왜냐하면 환자의 무의식에서 작용하고 있는 아이의 환상을 분석가가 재구성하기 때문이다. 따라서 나는 성인 환자들이 오이디푸스 나이에 가졌을 욕망과 신화, 그리고 불안들을 전제하지 않고는 그들이 말하는 고통을 이해할 수 없다. 현재 환자가 힘들어하는 신경증의 복합적인 고통은 유아기의 욕망과 신화들, 그리고 불안들이 전환된 것이다. 예를 들어 보자. 스물여섯 살의 심각한 거식증 환자인 사라의 이야기를 들으면서, 나의 머릿속은 어린 시절의 그녀를 상상한다. 즉 나는 아버지의 사랑을 독차지한 아들인 오빠처럼 밋밋한 몸매의 소년이고 싶은 욕망과 아버지의 사랑을 받는 여자이고 싶은 욕망 사이에서 갈팡질팡하는 어린 소녀를 상상한다. 그리고 내가 사라 내면의 네 살짜리 어린 소녀에게 말 걸 때, 비로소 나는 거식증의 진행과정에 영향을 미치는 기회를 갖게 된다. 분석을 통해 해석을 듣고 있는 사람은 내 앞에 있는 환자인 사라이지만, 그것을 받아들이는 사람은 어린 사라이다. 어린 사라는 누구일까? 그녀는 어른 사라의 무의식에 작용하고 있다고 가정된 오이디푸스의 어린 소녀로서, 나는 그녀의 이야기를 들으면서 어린 사라를 다듬어 냈다. 그러나 임상자료와 오이디푸스 이론을 토대로 환자의 이야기를 들으면서 다듬어 낸 그 환상이 내 환자의 무의식 안에서 작용하고 있음을 어떻게 증명할 수 있을까? 어린 사라가 소년이고 싶은 욕망과 여자이고 싶은 욕망 사이에서 갈등하고 있다는 그 환상이 잘못된 구조물이 아님을 어떻게 보장할 수 있을까? 이 질문은 오이디푸스 개념과 그것을 기반으로 하는 환상이 타당한 것인가를 묻고 있다. 두 가지 이유 때문에 오이디푸스 개념과 환상은 근본적으로 타당하다. 하나는 내가 매번 오이디푸스의 이론적인 추론과 거기에서 비롯된 환상을 근거로 환자의 이야기를 들으면서 했던 나의 개입에 대해, 시간이 흐른 뒤 환자가 타당하고 적절했다고 인정했기 때문이다. 다른 하나는 오이디푸스의 개념이 가져온 풍요로운 청취가, 극도로 유연하고 수순해진 그 청취가 환자의 현재 고통과 아이였을 때의 환상, 그리고 끊임없는 연구를 통해 내 것이 된 분석 이론의 엄격성을 모두 조화시키고 있다는 확신 때문이다.

오이디푸스 위기를 크게 두 단계로 간추리면, 그것은 부모에게 성적 의미 부여하기sexualisation로 시작해서 이후 성인의 성정체성으로 연결될 성적 의미 없애기désexulisation로 완성된다고 할 수 있다.

나는 소년과 소녀의 오이디푸스의 위기 논리를 내가 경험한 임상과 정신분석 이론에 힘입어 다듬어냈던 메타심리학적인 서사 방식으로 하나하나 상세하게 설명할 것이다. 그리고 지금은 이 위기에 개입하는 근친상간의 욕망과 환상, 그리고 동일시라는 세 개의 요인을 살펴본다. 일단 우리는 근친상간의 욕망에 대해, 그리고 세 개의 주요한 오이디푸스의 환상들에 대해 ― 전능한 남근에 대한 환상(자신을 전능하다고 믿는 아이), 상상으로 근친상간의 욕망을 충족시키는 쾌락에 대한 환상(즐거운 아이), 그리고 불안한 소년(두려운 소년)과 고통스러운 소녀(상처받은 소녀)가 갖는 환상 ―, 마지막으로 동일시라는 뜻밖의 현상까지도 설명하게 될 것이다. 욕망과 환상 그리고 동일시는 각각 오이디푸스 콤플렉스의 탄생과 절정, 소멸의 동력이라는 점을 미리 밝혀둔다.

들어가기 *Ouverture*

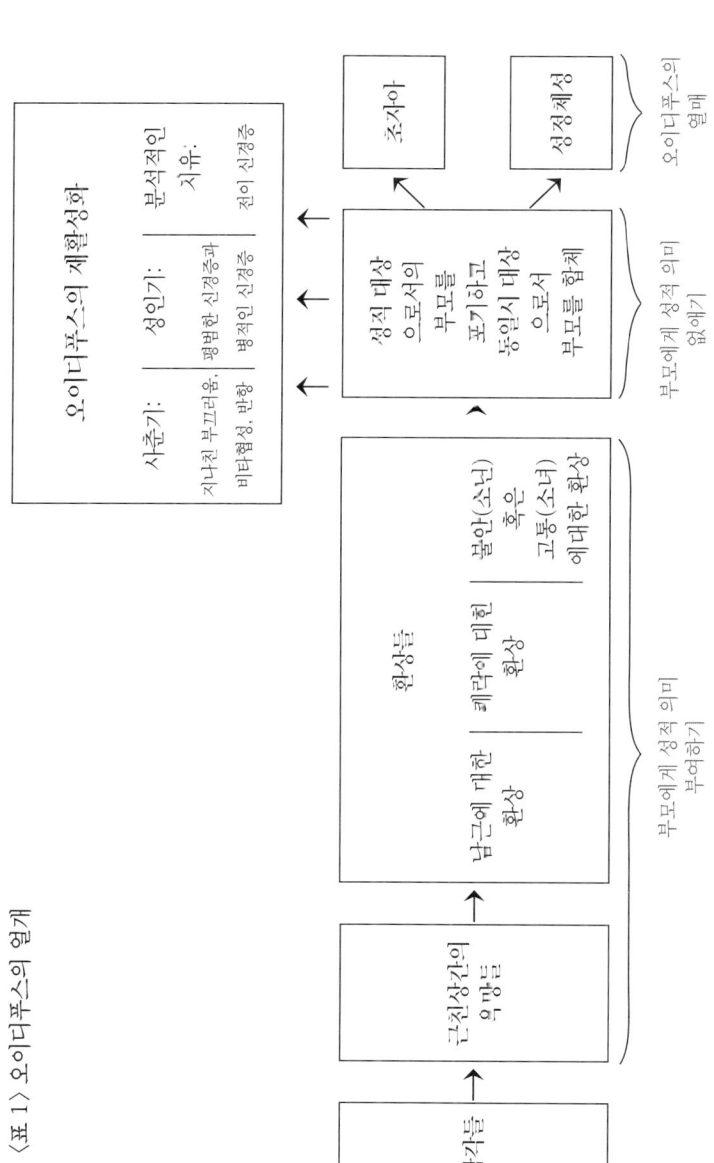

〈표 1〉 오이디푸스의 열개

① 소년의 오이디푸스
L'Œdipe du Garçon

이 장은 62쪽의 〈표 2〉소년의 오이디푸스 논리를 보면서 읽기 바란다.

처음에는 성욕을 자극하는 감각적인 몸이었다

3-4세 정도 된 소년은 자신들의 쾌락을 신체 기관이면서 상상의 대상, 그리고 상징의 문장인 페니스에 집중시킨다. 그때 페니스는 가장 풍요로운 감각을 지닌 신체의 일부이지만, 그것이 아이에게 마련해 준 쾌락은 다른 모든 신체적 쾌락들의 준거로 작용하면서 지배적인 성감대가 된다. 그보다 더 어릴 때, 쾌락의 장소는 입이었고, 이후 항문과 근육활동이었다. 그래서 두세 살 사이의 아이들에게는 걷고, 달리고 행동하는 쾌락이 우세하지만, 네 살이 되면, 모든 신체적인 쾌락이 — 자극된 부분이 어디든지 — 전율을 통해 작은 페니스 주변으로 몰려들고

있다는 점을 잊지 말자. 다시 말해서 네 살 난 소년이 훤히 보이는 어머니의 가슴을 바라보다가, 혹은 사람들 앞에 벌거벗은 모습을 보여주고 싶어 하다가, 아니면 장난치다 흥분해서 여동생의 엉덩이를 물어뜯다가 느낀 쾌락, 즉 눈이나 신체 전체, 혹은 치아의 흥분을 통해 얻게 된 쾌락은 모두 그의 조그마한 성기 주변으로 몰려와서 그에게 생식의 흥분을 느끼게 한다고 할 수 있다.

그러나 네 살 난 아이의 페니스는 단순히 가장 풍요로운 감각 기관만은 아니다. 그것은 가장 많은 사랑을 받고 있는 대상이면서 동시에 많은 주의를 요하는 대상이다. 잘 보이는데다가 만지기도 쉽고, 성욕을 자극하는가 하면 곧추 서기도 하는 돌출된 기관으로서 페니스는 젖꼭지가 입을 끌어당기듯이 손을 끌어당긴다. 페니스는 시선을 집중시키고, 소년과 소녀의 호기심을 작동시켜서 그들로 하여금 터무니없는 이야기와 말도 안 되는 유아의 성 이론을 꾸며내게 한다. 페니스에 대한 의미심장한 상상으로 말미암아 소년에게 그것은 가장 소중한 나르시스적인 대상이 되고, 또한 너무 집착한 나머지 가지고 있다는 것을 자랑스럽게 여기는 물건chose이 된다. 페니스를 숭배한 결과, 그 작은 기관은 절대 권력을 상징하고 남성적인 강인함을 표지하게 된다. 그러나 조심하자! 같은 이유에서 그것은 너무 많은 위험에 노출된 나약한 기관으로도 느껴진다. 따라서 그것은 단지 힘의 상징일 뿐 아니라, 연약함과 취약함의 상징이기도 하다. 또한 자극에의 반응도 탁월하고 선명한 형태로 눈에 들어오며, 발기되기도 하고 만지기도 좋은 그래서 평가 절상된 돌기와도 같은 이것이 모든 사람들의 ― 소년과 소녀 ― 눈에 욕망의 표상으로 보일 때, 우리는 그것을 '남근'이라 한다. 그러니까 남근은 신체 기관으로서의 페니스가 아니다. 남근, 그것은 환상화되고 이상화된 페니스로서 전능의 상징이면서, 동시에 취약함의 상징이 된다. 나중에 우리가 여성의 오이디푸스를 자세하게 다룰 때, 페니스는 상상과 상징으로의 이환율이 대단히 높아서, 그 또래의 여자아이가 자신도 그것을 소유했다고 믿을 정도라는 것을 알게 될 것이다. 이 환상적 페니스, 곧 남근은 오이디푸스 위기가 길어닥치는 리비도 진화의 단계를 일컫는 이름이기도 하다. 실제로 프로이트는 유아의 성본능이 남근에 몰입된 이 단계를 **남근기**라고 명명했다. (115-120쪽 참고)

이 단계에서 아이들은 — 그가 소년이든 소녀든 — 누구나 세상의 모든 존재들이 강력한 남근을 가졌다고 믿는다. 즉 아이들은 모든 사람들이 그들만큼 강하다고 생각한다. 예를 들어서 소년이 누구나 남근을 가지고 있다는 생각을 한다면, 그가 하는 생각은 이런 것이다. "사람들은 모두 내 것과 같은 기관, 즉 음경을 소유하고 있다. 사람들은 모두 나와 같은 느낌을 갖고 있고, 그래서 모두가 자기 자신을 나만큼 강하다고 느낄 것이 분명하다." 나는 유아적인 허구, 즉 페니스가 보편적인 속성이라고 믿는 착각은 모든 소년과 소녀에게 공통임을 강조한다. 그리고 남근에 대한 아이의 이 같은 우상숭배가 어린 소년에게는 그것을 잃는다는 불안을, 어린 소녀에게는 잃어버렸다는 고통을 갖게 한다. 실제로, 그 또래의 아이는 이미 생명과도 같았던 대상들을 상실한 경험이 있다. 아기였을 때, 그는 자신의 일부였던 엄마의 젖을 잃었고, 그 다음에는 노리개 젖꼭지를 포기했으며, 처음으로 그에게 '안도감을 주는 물건^{doudou}'과 떨어지는 경험도 해봤다. 또한 화장실에서 그는 자신에게서 떨어져 나온 '똥'을 확인하는 경험뿐 아니라, 남동생이나 여동생의 출생으로 인해 왕 같았던 아이의 자리에서 내려오는 경험도 해봤다. 그리고 어쩌면 가까운 사람의 죽음을 경험했을 수도 있다. 오이디푸스기의 아이는 그에게 소중했던 대상의 상실을 상상하는 것과 그것이 재현될까봐 두려워하는 것, 그 모두가 가능하다. 그러나 더 정확하게 말한다면, 나는 그가 태어나면서부터, 아니 태아시절, 처음으로 심장이 박동치기 시작하던 그 순간부터, 이 조그만 인간은 이미 생명유지에 필수적인 것은 물론 아주 사소한 것이 부족할 때를 모두 완벽하게 느끼고 있다는 점을 덧붙여야 하겠다. 아무리 어려도 아기는 꼭 필요한 어떤 것이 부족할 때, 고통을 느끼며, 그래서 운다. 이렇게 결핍을 상상하는 오이디푸스 아이의 능력은 근본적으로 인간에게 내재한 직관이라고 할 수 있다.

우리의 주제로 넘어가기 전에, 남근의 보편성에 대한 허구와 직관적으로 결핍을 상상하는 어린 아이의 능력을 기억해두자. 왜냐하면 이 두 사항은 소년의 거세에 대한 불안 환상과 소녀의 박탈의 고통이 형성되는 과정을 이해하는데, 그리고 소년이 오이디푸스를 빠져나오고 소녀가 거기로 들어가게 되는 과정을 이해하는데 꼭 필요한 전제이기 때문이다. 이점에 대해서는 곧 설명할 것이다.

세 개의 근친상간적인 욕망

이제 근친상간적 욕망의 역동성을 살펴보자. 성적으로 자극되고, 또 자신의 힘을 자랑스러워하는 네 살배기 어린 소년은 자신에게 새로운 힘, 알 수 없는 흥분이 깨어남을 본다. 즉 쾌락을 찾기 위해, 이 나이 전에 알게 된 성욕을 자극하는 여러 쾌락들 전체를 찾기 위해 대타자^{Autre}, 곧 부모, 정확히 부모의 몸을 향해 가는 욕망이 깨어난다. 이것이 오이디푸스의 새로움이다! 이 단계 이전에 아이는 그렇게까지 감각들이 깨어난 적도, 대타자의 몸 전체를 움켜쥐고 거기서 쾌락을 찾는 그토록 극성스러운 욕망을 경험한 적도 없었다. 욕망은 무엇일까? 그것은 다름 아닌 열정élan으로, 우리에게 파트너와의 결합에서 쾌락을 찾게 한다. 우리는 언제나 육체를 가진 사람을 욕망한다. 욕망하는 것, 그것은 타인의 육체를 찾아 자기 밖으로 자신을 내던지는 것이다. 그것은 육체를 통해서, 곧 육체 위에서 가장 값비싼 주이상스jouissance에 도달하기를 원하는 것이다. 그것이 바로 욕망désir이다! 그 점에서 모든 욕망은 성적인 욕망이다. 성적sexuel이란 생식적인 것génital 이상의 의미를 지닌다. 성적이란 말은 벗은 몸을 보고 싶어 하고 쓰다듬고 안아주며 느끼고 삼켜서 망가뜨리기까지 하고 싶은 것을 의미한다. 여기서의 몸은 어떤 몸일까? 그것은 내가 사랑하는 사람들의 몸으로, 나를 끌어당겨서 손이 닿는 거리에 있는 몸이다. 그래서 그 몸은 아이의 아버지와 어머니가 될 수밖에 없다. 새끼 고양이가 장난치며 놀다 주인을 할퀴듯, 오이디푸스 아이도 어쩌다보니 부모에게 욕망의 상처를 낸다. 요컨대 오이디푸스 아이는 그가 사랑하고 의존하는 사람들과의 ― 그들도 역시 욕망하는 존재로서 그의 욕망을 소환하고 부추긴다 ― 감각적인 교환에서 쾌락을 찾도록 압박하고 몰아치는 충동에 사로잡힌다. 그런데 페니스의 흥분을 원천으로 하고 쾌락이 목적이며 낳아준 부모 중 한 사람이거나 아니면 후견인의 신체를 대상으로 하는 거역할 수 없는 강압적인 욕망과 열정이 근친상간의 신화적인 욕망을 표현한다. 그렇다. 오이디푸스는 실현할 수 없는 근친상간의 욕망을 실현하려는 어린 아이의 시도이다. 그렇다면 근친상간의 욕망은 무엇인가? 그것은 잠재된 욕망, 결코 충족되지 않는 욕망으로 부모 중 한 사람을 대상으로 삼아서 육체적 쾌락이 아닌 주이상스를 얻는 것을 목적으로 한다. 그러면 주이상스는 무엇일까? 이 불가사의한 주이상스는 자신을 낳아준 어른과 아이의 완벽한 성적인 관계가 빚어낸 것으로, 그 황홀하고 완전한 융합에서 그 둘은 소멸될 수 있다. 물론 이 욕망은 실현 불가능한 꿈이거나 엉터리 만화이고, 그리스 신화나 전설 가운데 가장 어리석고 오래된 전설이다. 실제로 이루어진 아버지와 딸, 아버지와 아들, 드물게 어머니와 아들 사이의 근친상간의 행위는 흔한 일은 아니지만, 명백한 성폭행이다. 그리고 그 같은 일이 실제로 벌어진다면, 그 때의 주이상스는 대단하지 않을 뿐 아니라, 평범하다고도 할 수 없는, 실은 그 어떤 주이상스도 아니다. 현실에서 벌어진 근친상간의 임상사례를 보면, 패륜의 어른은 빈약하기 짝이 없는 만족을 얻었을 뿐이고, 아이는 대단히 심각한 외상을 입었을 뿐이다. 정신분석이 말하는 근친상간의 욕망은 아버지가 아이에게 저지른 성적인 방탕함이 가져온 불행과는 아무런 상관이 없다. 그러면 당신들은 묻고 싶을 수도 있겠다. 왜 정신분석은 실제로 일어난 불행한 일도 아닌 근친상간의 욕망을 없어서는 안 되는 것으로 삼아서, 모든 욕망들이 — 아무리 그것들이 작은 것일지라도 — 언제나 근친상간의 상상적인 욕망에 관련되었다는 가정을 할까? 왜 근친상간의 욕망이 욕망의 척도가 될까? 어머니와 잠자고 아버지를 죽인다는 제 정신이 아닌 이 욕망이 지닌 유일한 가치는 자궁 내의 intra-utérine 완벽한 원형적 행복으로 회귀하고 싶다는 어리석은 욕망을 비유하는 데 있다. 정신분석에서 우리의 일상적인 욕망들 하나하나는 — 작품을 바라보거나 사랑하는 이를 쓰다듬는다고 하는 감각적인 쾌락과 같은 — 이론적인 관점에서 완벽하게 하나 Un 가 된 두 존재가 누릴 수 있는 완전한 행복을 지향하는 것으로 이해된다. 근친상간의 욕망은 신화적인 절대자의 형상, 즉 자신의 근원점 point d'origine 을 어머니 신체의 궁극에서 회복하기 위해 어머니와 성관계를 맺는 영웅의 어리석은 욕망을 일컫는 명칭일 뿐이다. 이미지로 근친상간의 욕망을 말한다면, 그것은 길러준 땅과 하나가 되는 욕망이다.

일단 근친상간적인 욕망의 비유적 성격을 받아들이면, 우리는 거기로부터 소년이 가질 수 있는 욕망의 변이형 세 개를 구분할 수 있다. 강조하지만, 근친상간의 욕망은 단순히 에로틱한 것만은 아니다. 그것은 에로틱할 뿐 아니라 공격적인 경향도 함께 압축되어 있다. 따라서 다음의 세 개의 욕망은 근본적으로 소년뿐 아니라, 나이와 상관없이 남성의 위치에 있는 모든 사람에게 나타난다. 대타자, 특히 어머니의 몸을 성적으로 소유하는 욕망. 대타자, 특히 아버지의 몸에 의해 소유되는 욕망. 또한 대타자 아버지의 몸을 제거하는 욕망. 근본적으로 남성의 욕망에는 소유하는 욕망과 소유되는 욕망, 그리고 제거하는 욕망의 움직임이 있다.

∴

세 개의 쾌락 환상

그런데 근친상간의 세 개의 불가능한 목표에 ― 대타자의 몸을 소유하기와 대타자에 의해 소유되기, 그래서 대타자의 소유물(chose)이 되어 그에게 주이상스를 주기, 마침내 대타자를 없애는 절대적인 주이상스 얻기 ― 도달할 수 없는 어린 소년은 환상을 꾸며낸다. 그리고 아이는 그로 인해 쾌락도 얻고 불안도 갖게 되지만, 그로 인해 상상으로나마 그의 어리석은 욕망이 충족된다.

환상은 무엇일까? 그것은 거의 의식하지 못하는 장면으로, 상상적인 imaginaire 방식으로밖에는 실현하지 못하는 근친상간의 욕망, 혹은 다른 모든 욕망을 — 그 어떤 욕망이든지 근친상간의 욕망에 대한 표현이기 때문에 — 만족시키는 것을 목적으로 한다. 환상은 쾌락이나 불안의 형태로 아이에게 위안을 주는 상상적인 장면이다. 따라서 환상은 쾌락이나 불안, 때로는 고통스러운 감정까지도 일어나게 하는 활동을 통해, 견디기 힘든 주이상스를 가져올 수도 있는 관념적인 활동을 대신해서 욕망으로 인한 긴장을 완화시키는 기능을 한다. 실제로 환상을 통해 얻은 심리적인 긴장의 완화는 기분 좋은 위안이 아니다. 대개 그것은 자체가 아픔이고, 심리구조 psychisme 의 회복 불가능한 균열을 피할 수 있게 해주는 혼란과 고통이다. 의식에서의 고통이 심리적인 긴장 완화의 효과가 있다는 사실이 놀라워 보인다. 그러나 한바탕 울고 나면, 쌓였던 것이 해소되어 건강에 좋은 역할을 할 수 있는 것과 같다. 공포증 역시 정상적인 생활을 하기는 힘들지만 정신증 psychose 과 같이 보다 심각한 다른 병을 막아주는 덜 심각한 병으로써 상당히 유용하다.

환상의 장면이 반드시 의식적이지 않다는 점, 그리고 그것이 아이의 일상생활 속에서 감정이나 — 우리가 방금 살펴본 대로 — 행동, 혹은 글로 나타난다는 점에 주목하자. 예를 들면, 어린 소년은 절대로 어머니와 성관계를 가질 수 없지만, 어머니의 벗은 몸을 상상하는 관음증적 환상은 그 불가능성을 보상하게 된다. 이 환상은 은밀한 상황에서 어머니를 몰래 엿보다가 깜짝 놀라게 만드는 장난스러운 욕구로 나타날 수 있다. 여기에는 어머니의 벗은 몸을 보고, 거기서 파생된 욕망인 어머니를 소유하는 근친상간적인 욕망과 근친상간을 상상하는 환상, 그리고 마침내 그 환상을 행동으로 옮겨서 열쇠구멍을 통해 바라보는 짓궂은 행동까지 점층적인 상황 전가가 있다.

여기서 잠시 '감각과 욕망, 환상, 행동' 사이에 있을 수 있는 혼동을 피하기 위해, 이 용어들을 차례로 설경해 보자. 먼저 느껴진 감각들이 어른의 몸으로 향하는 욕망을 깨운다. 그리고 이 욕망은 아이에게 쾌락을 주는 환상과 더불어 충족된다. 다시 말하지만, 주체는 이 쾌락의 환상들을 머릿속에서 시각화하지 못한다. 그것을 추론해 낸 사람은 바로 유아의 행동을 관찰하고 분석주체인 성인의 이야기를 들은 정신분석가이다. 우리는 환자나 아이, 어른의 이야기를 듣고 그들의 운명을 지배하는 환상 장면을 재구성한다. 그런데 이 추상 속에서 한 계단 올라서면, 우리는 자신의 욕망을 상상적으로 만족시키고, 그리고 근친상간의 신화적인 욕망을 만족시키기 위해 주체가 이 장면들을 무의식적으로 만들어냈다고 — 위의 관음적인 욕망의 사례에서 — 말할 수 있게 된다. 요약해 보자. 나는 어린 소년이 어머니를 몰래 엿보았음을 알았고, 벗고 있을 어머니를 보는 관음적인 장면으로 인해 무의식적으로 자극을 받았다는 추론을 한다. 나는 또한 이 장면이 어머니를 소유하는 근친상간적인 욕망, 즉 구체적으로 어머니를 탐욕스러운 눈으로 보는 욕망을 충족시킨다고 단언한다. 이렇게 감각들은 욕망을 깨우고, 그 욕망은 환상을 부르며, 그 환상은 감정이나 행동, 또는 말을 통해 현실화된다. 따라서 당신이 어떤 감정 앞에 있다면, 그것은 어떤 환상을 표현하는 것이며, 그 환상은 욕망을 충족시키고 있고, 그 욕망은 언제나 몸의 감각에서 생기를 얻는다.

그렇다면, 이제 세 개의 근친상간적인 욕망이 어떻게 각자만의 특별한 쾌락환상을 갖게 되고, 상상적으로 충족되는가를 살펴보자. 근친상간의 욕망들은 각각, 거기이 부합된 특징적인 쾌락환상이 있다. 그렇다면 대타자를 소유하는 근친상간의 욕망에 부합되는 환상의 특징은 무엇일까? 사실 이 환상은 여러 가지 시나리오를 채택할 수 있다. 그리고 거기서 능동적인 역할을 하는 아이는 대타자에게 자신의 존재를 알리는 것을 자랑스러워한다. 그래서 소유의 환상은 엉뚱한 방식으로 자기를 보여주는 것부터 '소꿉놀이', '의사놀이', 익살 떨기, 의미도 모르는 상스러운 말하기, 심지어 성적인 자세를 흉내 내기와 같은 그 나이 또래의 전형적인 행동으로 나타난다. 늘 하는 행동이 때로 부모 중 한 사람의 몸을 만지거나 형제, 자매들의 몸을 건드리는 것일 수 있고, 아니면 몹시 흥분해서 그를 안거나 물어뜯고 혹은 함부로 대하는 것일 수 있다. 그러나 모든 소유 각본에서 **대타자를 소유하는 근친상간의 욕망을 가장 정확하게 설명하는 것, 그것은 다름 아닌 어머니를 독차지 하는, 그래서 자신만을 위한 어머니를 갖고 싶은 소년의 소망이다.**

예를 들어 보겠다. 세 살 난 어린 소년 마르탱은 여느 아이들처럼 활발하고 장난꾸러기로, 그의 어머니가 나의 내담자 중 한 사람이다. 어느 날 그 어머니는 아이를 맡길 데가 없다면서 마르탱을 상담실로 데려왔다. 아이가 사무실 옆 대기실에서 놀고 있는 동안 어머니는 내게 독백처럼 아들에 관한 일화를 이야기했고, 나는 그것이 어머니를 소유하는 오이디푸스 쾌락 환상에 대한 아주 좋은 설명이라고 생각했다. 이것은 이혼해서 혼자 아들과 함께 살고 있는 젊고 아름다우며 대단히 매력적인 마르탱의 어머니가 내게 해준 이야기이다. "선생님, 마르탱이 제게 무슨 장난을 했는지 아세요? 언제나처럼 목욕탕 문을 반쯤 열어놓고 가벼운 차림으로 화장을 하고 있었어요. 그때 마르탱이 발꿈치를 들고 조용히 들어와서는 제 엉덩이를 깨물고 도망치는데 뛰어가는 그 아이의 모습이 자기가 방금 한 일이 너무 자랑스럽고 행복해 보였어요." 나는 여러분께 목욕탕에 슬며시 들어와서 자기 눈높이에 있는 어머니의 매력적인 엉덩이를 발견한 어린 소년을 상상해볼 것을 청한다. 반짝거리는 눈으로 다가가서 위험을 경고하지 않은 채 꽉 깨문 그 아이. 바로 이것이 오이디푸스다! 오이디푸스에는 어머니의 엉덩이를 무는 것과 같은 욕망이 있다! 오이디푸스는 자기 어머니를 부드럽게 쓰다듬는 게 아니라, 어머니를 욕망하고 깨문다. 이제 내가 말한 오이디푸스의 성적인 성격이 분명하게 보인다. 내가 말하고 싶은 것은 오이디푸스는 사랑의 문제가 아니라 성의 문제이고, 이 명백한 것이 여전히 받아들여지지 않고 있다는 것이다. 오이디푸스, 그것은 감당할만한 머리도 몸도 갖지 못한 어린 소년의 성적인 욕망이다.

어머니를 소유하는 첫 번째 오이디푸스의 환상을 지나, 대타자에 의해 소유되는 두 번째 쾌락환상으로 가보자. 가장 전형적인 소유되는 욕망의 환상은 어린 소년이 어른의 대상이 되기 위해 그를 유혹하는 쾌락을 취하는 장면이다. 이 환상은 성적인 유혹의 환상으로, 거기서 유혹하는 어린 소년은 어머니나 형, 또는 놀랍게도 아버지에 의해 유혹당하는 자신을 상상한다. 실제로 소년은 아버지의 소유물^{chose}이 되어 그에게 주이상스를 주는 수동적인 역할, 대단히 여성스러운 역할을 할 수 있다. 그러나 아이가 자신이 유혹당하는 상상을 할 때, 그는 단순히 성도착적인 아버지, 함부로 대하거나^{abuseur} 못된 아버지의 수동적인 희생자만은 아니라는 점을 이해할 필요가 있다. 유혹당하기를 기다리는 아이는 능동적인 유혹자로서 유혹당하기 위해 유혹한다. 이와 같이 아버지가 아들을 유혹한다는 소년의 오이디푸스적인 환상이 어른이 된 다음에도 없어지지 않고 계속 나타난다면, 그것은 남성 히스테리 환자가 되게 하는 나쁜 동인이 되고, 여간해서는 다루기 힘든 아주 강력한 힘을 발휘한다. 이 경우 히스테리 환자에 대한 분석은 종종 '거세의 암초'라고 하는, 또는 아들러^{Adler}가 말했던 '남성의 저항'이라는 위기를 넘기지 못하고 실패한다. 정신분석은 임상과 관련되어 있기 때문에, 내가 오이디푸스를 소개하기로 한 것은, 일단 성인 환자와의 치료행위를 이해시키려는 나의 바람에 잘 들어맞는다. 아시다시피 오이디푸스가 이론으로서만 중요한 것은 아니다. 무엇보다도 그것은 임상적인 가치를 갖고 있으며, 유혹의 환상이 그 가치를 증명한다. 분석을 의뢰하면서 찾아온 남성 신경증 환자를 대할 때마다, 나는 아버지의 소유물이 되어서 아버지에게 주이상스를 주고자 하는 그들의 무의식적인 환상을 생각한다.

대타자, 특히 아버지를 없애려고 하는 욕망이 두드러진 마지막 세 번째의 쾌락환상은 주체에게 능동적인 성적 태도를 갖도록 한다. 내가 '성적^{sexuel}'이라고 한 까닭은 대타자를 제거하는 것도 오이디푸스의 다른 환상들과 마찬가지로 성적인 쾌락을 가져오기 때문이다. 경쟁자 아버지를 없애는 환상을 표출하는 아이의 아주 흔한, 그리고 가장 자연스러운 행동들 중 하나가 어린 소년이 아버지가 집을 떠나있을 때를 이용해서 부부의 침대에서 어머니와 함께 잔다든지 하는 등의 '가장※18 놀이'를 하는 것이다.

세 개의 거세불안 환상

환상이 가지는 **쾌락**은 소년에게 어머니를 무는 것과 같은 능동적인 성적 태도를 취하게도 하고, 유혹되기 위해 유혹하는 것과 같이 수동적인 성적 태도를 취하게도 하며, 아버지를 제거하는 능동적인 성적 태도를 취하게도 한다. 그리고 이러한 환상들 모두가 아이를 행복하게 하면서, 동시에 심한 **불안**에 휩싸이게도 한다. 장난꾸러기 어린 소년은 그가 잘못했던 것 때문에 그의 힘과 자부심, 쾌락의 상징인 남성기가 훼손되는 벌을 받게 될까봐 두려워진다. 이렇게 자신의 남근이 훼손되는 벌을 받는다는 환상이 '거세불안'의 환상이다. 거세의 벌을 받는다는 협박과 그것이 일깨우는 불안은 **환상적인 협박과 불안**이다. 물론 소년이 잘못할 수도, 그래서 처벌을 두려워할 수도 있다. 그러나 거세의 벌을 받게 된다는 환상과 그로 인한 불안은 무의식적이다. 분명히 말하지만, 소년은 거세불안을 느끼지 않는다. 왜냐하면 그것은 무의식적이기 때문이다. 이점이 중요한 이유는 당신들 중 많은 사람이 실제로 네 살짜리 어린 소년이 그의 고추가 떨어질까 두려워하는지 아닌지를 확인하고 싶어 하기 때문이다. 미리 말해두지만, 여러분은 절대로 그러한 그 두려움을 확인할 수 없다. 물론 자기 성기에 자주 손대는 아들을 보면서 어머니는 아이에게 "그렇게 만지작거리면 떨어질 거다!"고 말할 수는 있다. 그러나 이런 농담 때문에 소년에게 거세불안이 생기지는 않는다. 그렇다. 거세불안은 절대 의식되지 않는다. 그렇다면 아이들의 일상에서 두려움과 악몽의 형태로 관찰할 수 있는 불안을 어떻게 생각해야 할까? 나는 아이들의 이런 불안을 거세의 무의식적 불안에 대한 임상적인 형태라고 말하고 싶다. 실제로 소년이 협박 때문에 불안하든 그렇지 않든 상관없다. 중요한 것은 어쨌거나 그가 무의식적 거세불안에 사로잡혀 있다는 점이다. 쾌락을 욕망하고 또 얻는

한, 그것이 아무리 작을지라도, 그는 불안에 사로잡힐 것이다. 불안과 쾌락은 동전의 양면과도 같다. 불안과 쾌락은 나눠지지 않기 때문에 나는 그것들을 욕망이 낳은 쌍둥이라고 생각한다. 이 점은 명확히 할 필요가 있다. 정신분석이 근친상간의 욕망을 전제하고 필요로 하는 것처럼, 모든 남자들이 그들의 남성적 욕망에 내재한 거세불안에 사로잡혀 있다고 한다. 남성의 신경증에 대해 이야기할 때 다시 살펴보겠지만, 나는 거세불안이 남성 심리현상의 중추라고 단정 짓는다. 여성의 심리현상과 관련해서, 우리는 뒤에서 그것이 어떤 정서의 숲을 만들어내는지 보게 될 것이다.

우리는 남성의 불안을 환상이 갖는 쾌락의 이면이라고 했다. 실제로 욕망하는 것이 가져온 불안과 그로 인해 벌을 받는다는 대조적인 감정이 없다면, 그것은 오이디푸스의 쾌락이 아니다. 모든 신경증의 바탕에는 감정적으로 쾌락과, 그로 인해 벌을 받게 된다고 하는 두려움의 대립된 짝이 있다. 그리하여 우리는 오이디푸스를 유아 신경증 그 자체, 인간 성장과정에서 겪는 최초의 신경증이라고 말할 수 있다. 왜 그럴까? 그것은 무엇보다도 신경증이 상반된 감정이 동시에 작용하는 것이기 때문이다. 그래서 오이디푸스 아이는 신경증처럼, 환상에 빠진 쾌락을 맛보려는 것과 끈질기게 그러고자 하면 벌을 받는다는 두려움 사이에서 고통스러운 번민을 견디고 있다. 이렇게 오이디푸스 자체가 신경증이라는 기본적인 생각에 대해서는 뒤에서 다룰 것이다.

우리는 이미 구치적인 상황 증명 없이 거세불안의 무의식적 위상을 분명히 했다. 그럼에도 불구하고 아이의 삶에 있는 여러 가지 어려움들이 불안의 존재를 확인시켜준다. 여기 오이디푸스에 대한 모든 이론이 관련된 고려하지 않을 수 없는 사건이 있다. 그것은 어느 날 소년은 남근적 페니스 penis-Phallus가 없는 어린 소녀나 어머니의 나체를 보고 놀라는 일이 일어난다. 모든 사람이 남근을 가졌다는 유아의 착각을 상기할 때, 우리는 소년이 무의식적으로 다음과 같은 생각을 한다는 것을 이해할 수 있다. '세상에 남근이 없는 사람이 있다면, 내 것도 없어질 수 있다.' 결정적으로 이 '없음'의 발견으로 인해 거세불안은 확실해진다.

따라서 우리는 세 개의 쾌락환상의 변형으로 그것의 이면에 있다고 보는 세 개의 불안환상을 만날 수 있다.

— 만약 쾌락환상이 어머니를 깨물거나 어머니와 함께 아기를 갖는 것, 즉 대타자를 소유하는 것이라면, 거세위협은 가장 소중한 대상, 즉 신체 부분에서 가장 집착하는 남근적 페니스를 겨냥한다. 또한 협박의 주체는 소년에게 근친상간 금지법을 명하는 금지자 아버지다. 아버지는 아들에게 "너는 어머니를 가질 수 없을뿐더러 어머니와 아기를 낳을 수도 없다!"고 말한다. 동시에 어머니에게 "당신은 예전처럼 다시 뱃속에 아들을 품을 수 없다!"고 말한다.

— 만약 쾌락환상이 유혹환상이라면, 즉 대타자에 의해 소유되는, 정확히 말해서 아버지에게 자신을 갖다 바치는 것이라면, 거세위협은 여전히 남근에서 이루어지고 있다. 그러나 이때의 남근은 떼어낼 수 있는 신체에 달려있는 기관이기보다 남성성의 상징이 된다. 그리고 협박의 주체는 금지하는 아버지가 아니라 유혹하는 아버지이다. 소년이 욕망하는 이 아버지는 자칫

더 나아갈까봐, 그래서 소년을 능욕할까봐 두려워하는 연인이 된다. 이 경우, 불안은 남근적 페니스를 상실하는 두려움이 아니라, 아버지의 대상이 되는 여자femme-objet가 됨으로써 자신의 남성성 상실을 두려워하기 때문이다. 여기서 아버지에 의한 소년의 유혹환상과 능욕 당한다는 불안은 남성 신경증 환자의 분석치료에서 반드시 표지되어야만 하는 근원적인 환상임을 강조해둔다.

— 쾌락환상이 경쟁자 아버지를 떼어놓는 것이라면, 거세위협의 목표물은 다시금 신체의 도드라진 부분인 남근의 페니스이다. 여기서 협박의 주체, 그는 바로 부친살해의 열망을 막기 위해 아이를 압박하는 미움받는 아버지이다.

이상은 거세불안 환상의 세 가지 변이형이다. 우리가 두려워하는 첫 번째 아버지는 금지시키고, 두 번째 아버지는 능욕한다. 그리고 마지막 아버지는 경쟁자이다. 모든 경우에서 협박의 주체는 아버지이며 협박의 대상은 남근의 페니스이거나 거기서 비롯된 남성성이다.

소년의 오이디푸스 해법:
부모에게 성적 의미 없애기

소년은 신체적인 벌을 받는 것이 무서워서 어머니를 포기한다. 그러나 소녀는—앞으로 살펴보겠지만—그녀를 실망시킨 어머니를 떠나서 아버지를 향해 돌아선다.

오이디푸스 위기를 서둘러 끝맺게 만든 거세불안은 어떻게 될까? 쾌락환상과 불안환상 사이에서, 기쁨과 두려움 사이에서 갈팡질팡하던 소년은 결국 두려움에 사로잡힌다. 불안은 쾌락보다 더 강해서, 불안에 사로잡힌 아이는 추구해왔던 근친상간을 단념하고 그의 욕망의 대상들을 포기한다. 그리고 자신의 가장 소중한 남근적 페니스를 구하기 위해서, 즉 자신의 신체를 보호하기 위해서 성적 대상으로 삼았던 부모와 멀어진다. 부모를 포기하고 근친상간 금지법에 복종하는 것은 남성의 오이디푸스 콤플렉스의 정점에서 완성된다. 결국 아이는 자신의 남근을 보호하지만, 성적인 의미를 부여했던 부모를 떠나는 대가를 치른다. 즉 협박 때문에 불안해진 아이는 어머니와 자기 페니스를 놓고 선택해야 할 때, 페니스를 선택하고 어머니를 포기한다. 어머니를 포기함으로써 아이는 전반적으로 부모에 대한 성적인 의미를 거두어들이고 욕망과 환상, 불안을 억제한다. 진정이 되고 나면, 아이는 합법적이고 현실적인 가능성에 맞춰서 욕망할만한^{désirable} 다른 대상에 눈뜰 수 있다. 이렇게 아이는 자기 부모와 성적으로 분리되어야만 가족 밖에서 선택된 다른 파트너를 욕망할 수 있게 된다.

여자에 비해 남자는 본능적으로 겁이 많다

어머니의 사랑을 많이 받을수록 소년은 남자다운 남자가 된다. 반면 자기의 힘을 자랑스럽게 여길수록 자신의 남성성과 관련한 조그마한 상처에도 크게 민감해져서 그것을 지키느라 고심하게 될 것이다. 여자에 비해 남자는 본능적으로 겁이 많다.

여기서 소년이 당면한 오이디푸스 위기의 주요 요소들을 도식화해서 차례대로 나열하면, 페니스를 사랑한다 → 그것을 잃을까 두려워한다 → 어머니를 포기한다. 불안 때문에 소년은 자신의 나르시시즘, 말하자면 자기 신체, 돈 남근적 페니스에 대한 사랑을 부모에 대한 사랑보다 우선시한다. 위협 때문에 나르시시즘은 욕망보다 더 강해졌고 자기보존의 욕동이 성적 욕동을 이겼다. 여기서 불안이 택한 것은 욕망이 아니라 나르시시즘이었음을 기억하자. 즉 훼손의 두려움은 소년을 어머니와 떨어뜨렸다. 불안은 억압되지만, 종종 잘못 억압된다. 사실 성인의 신경증은 유년기에 잘못 억압된 거세불안의 재발이다. 또한 거세불안은 신경증의 재발 외에도 반박의 여지없이 남자가 그의 생식기, 좀 더 일반적으로 말하자면 그의 남성다움과 유지하는 정상적인 관계 속에 편재해 있다. 오이디푸스 아이가 억압했음에도 불구하고, 소년의 오이디푸스의 주축인 불안은 언제까지나 남성의 상황에 큰 영향을 미친다. 이제 우리는 불안이 어느 정도로 남자 삶의 중심에 있는지를 유추할 수 있다. 불안이 남성의 기질에 너무 깊이 스며들어 있어서, 임상을 통해 나는 주저함 없이 남자는 신체적인 고통 앞에서 특히 두려워하고 자신의 남자다움과 강인함을 지키느라 여러모로 고심하는 존재라고 말한다. 좀 과장해서 표현하자면, 남자는 본능적으로 겁쟁이다. 이 겁은 두려움에서 오며, 두려움은 우리 신체를 향한 매우 흥분되고 염려스러운 긴장, 즉 신체에 대한 과도한 나르시시즘에서 온다. 그리고 그 긴장은 신체의 겉모습이나 아름다움이 아니라, 특별히 그의 정력^{vigueur}과 완전성^{intégrité}에서 온다. 축구 경기 중에 보았던 아주 재미있는 영상 하나가 떠오른다. 그것은 선수들이 상대편의 거침없는 공격을 막기 위해 벽을 만들었지만, 공으로부터 자신을 보호하기 위해 반사적으로 두 손을 성기 앞에 포개 놓은 장면이다. 줄지어 서 있는 자기 몸이 너무도 걱정스러운 어린 소년들 같아 보이는 이 우스꽝스러운 이미지는 남자에게 성기는 가장 중요한 아킬레스건으로 느껴진다는 것을 보여주는 탁월한 예시이기도 하다. 그러나 이 축구 스냅사진에서 가장 이상한 장면은 마침내 상대 팀의 선수가 거침없이 공을 찼을 때이다. 벽처럼 둘러섰던 방어팀의 선수들은 여전히 그들의 성기를 보호하면서 공 때문에 놀랐고 무서웠다는 듯 반사적으로 한쪽 다리에 체중을 싣는 자세를 취하는가 하면, 온몸으로 공을 막을 것이라는 모두의 기대와 달리, 다리 사이로 지나가는 공을 피하겠다고 제자리 뛰기를 하는 선수도 있고, 그물망 깊숙이 들어간 공을 바라보기만 하는 선수도 있다! 자기를 보호해야한다는 생각 때문에 그들은 공을 막아야 한다는 자신들의 임무를 등한시했다. 이렇게 남성성이 위험에 처했을 때, 남자들은 성기를 보호하는 축구선수처럼 그것을 지키고자 고심한다. 남자는 생명을 포함해서 모든 것을 위험에 처하게 할 수 있지만 남자답다는 자부심은 그렇게 되도록 놔둘 수는 없다. 감탄과 두려움의 대상인 아버지와 여자가 아니고서 — 내가 말하는 여자는 그와 경쟁하는 여자이다 — 어떤 존재가 남자의 삶에서 그를 아프게 하고, 또는 그의 힘을 빼앗아서, 그의 남성성을 위협하고, 또 모욕할 수 있을까? 감탄의 대상인 아버지와 경쟁자인 여자가 아니라면, 어느 누가 그의 힘을 빼앗아갈 수 있을까? 그러나 어머니는 아니다! 어머니는 오히려 그에게 용기를 주고 그에게 마련된 특별한 운명에 대해 설득한다. 내가 항상 어머니는 아들에게 그에 대해 가지고 있는 어머니의 모든 신뢰를 보여주고, 그의 계획들에 대해 용기를 북돋아 주어야 한다고 하는 것도 바로 이 때문이다. 특히 그의 미모나 모습에 대해서가 아니라, 행동하고 창조하는 능력에 대해 용기를 주는 것이다. 사실 반복해서 그가 잘생겼고 매력적이라고 하는 것이 오히려 그의 '나쁜' 나르시시즘, 이미지에 대한 나르시시즘을 강화해서 자아를 약하게 할 수 있다. 확실히 남자를 위협하는 것은 어머니가 아니라, 이상화된 아버지père idéalisé와 이기고야 말겠다고 하는 여자이다. 요컨대 남자에게 성징과 남성성, 그리고 힘은 어떻게 해서든지 지켜야 하는 존엄한 것이다.

오이디푸스의 열매:
초자아와 성정체성

부모에 대한 성적인 의미를 없애는 일은 결코 완벽할 수 없으며, 불안 역시 완벽하게 억압되지 못한다. 따라서 일단락되었다고는 하지만, 불충분하게 해결될 수밖에 없는 남성의 오이디푸스 콤플렉스는 소년의 미래 성격의 구조화에 결정적인 두 가지 결과를 가져온다. 새로운 심리적 심급인 초자아의 탄생과 두 살 무렵부터 시작되어 사춘기 이후에 보다 확실해지고 견고해지는 성정체성의 인수이다. 소년에게 초자아는 성적인 대상으로 삼았던 부모를 떠나서, 동일시의 대상으로 간직한다는 놀라운 심리적인 행동 덕분에 터를 잡는다. 그는 부모가 욕망의 대상이 될 수 없기 때문에, 자아의 대상으로 삼는다. 부모를 성적 파트너로써 갖는 것은 있을 수 없는 일이고, 따라서 아이는 부모의 바람과 약함, 이상에서 부모처럼 된다는 무의식적 소망을 갖는다. 성적으로 부모를 가질 수 없게 된 아이는 부모의 도덕을 자신의 것으로 삼는다. 이렇게 아이가 부모의 금지와 하나가 되어 스스로를 금지할 수 있게 되는 것은 다름 아닌 이 같은 합체 덕분이다. 성본능에서 도덕성으로의 이행은 우리가 초자아와 그것을 표현하는 감정들을 — 수줍음과 친밀감, 수치심, 그리고 도덕적 신중함 — 소환하는 것이다.

오이디푸스의 두 번째 열매는 성정체성의 인수이다. 오이디푸스 이전, 자신을 소녀나 소년으로 가리킬 수 없었던 아이, 그리고 아버지는 남자, 어머니는 여자라는 생각도 하지 못했던 아이는 성기의 차이에 대해 초보적이고 직관적인 지식을 가지고 있을 뿐이다. 이렇게 오이디푸스가 시작될 즈음의 아이는 아버지와 어머니 혹은 형제와 자매의 성을 식별하지 못한다. 그러나 세 살 난 아이는 남자와 여자, 남성과 여성은 구분하지 못해도, 남근이 있는 사람과 없는 사람, 강한 사람과 약한 사람은 구분한다는 점을 잊지 말자. 한편 가족과 사회, 그리고 언어적 상황 및 생식기에서 유래된 성욕을 자극하는 감각들과 이성의 부모에게 이끌리는 감정 등은 훗날 사춘기에 비로소 진정으로 획득하게 될 성정체성을 조금씩 자리 잡게 하는 요소들이다. 이렇게 어린 청소년은 페니스는 남자만의 특성이며, 혹시 이미 질에 대해 알고 있다면, 그것이 여자만의 특성이라는 통합적 사고를 구성한다. 무엇보다도 그는 남성다움^{masculinité}과 여성다움^{feminité}이 여자나 남자의 신체적이고 해부학적인 현실과 반드시 상응하지 않는 행동이라는 것을 알아차리면서, 조금씩 남성으로서의 성정체성을 키워간다. 또한 그는 모든 인간은 그의 양성적 성질로 인해, 남성적 특성과 여성적 특성을 동시에 지니고 있음도 알게 된다. 이로써 성차는 우리에게 끊임없는 질문을 던지는 수수께끼가 된다. 독자는 전형적인 남성과 여성의 비교표인 〈표 8〉(194-195쪽)을 참고할 수 있다. 우리는 그 표를 남자와 여자의 행동에 대한 표준적인 특성들의 집합이 아니라, 오이디푸스의 관점에서 보는 각 성의 행동을 특징짓는 주도적인 특성들의 집합으로 읽어야 한다는 점을 미리 말해둔다.

소년의 오이디푸스 논리 요약

소녀의 오이디푸스로 넘어가기 전에, 나는 오이디푸스의 소년이 통과하는 여러 과정들을 대화의 형식으로 요약하고자 한다. 그 말을 들어보자.

소년의 오이디푸스 *L'Œdipe du Garçon*

나는 네 살이고, 페니스에서 흥분을 느낀다 → 나는 남근이 있고, 전능하다고 생각한다 → 나는 부모를 성적으로 소유하는 동시에 그들의 소유가 되고 또 아버지를 제거하기를 갈망한다 → 나에게는 근친상간의 욕망을 꿈꾸는 쾌락이 있다 → 아버지는 그런 나를 거세한다는 벌로써 협박한다 → 어린 소녀나 어머니의 벗은 몸을 보고 페니스의 부재를 확인한다 → 나 역시 그렇게 되는 벌을 받게 될까봐 두렵다 → 불안해진 나는 부모를 욕망하기보다는 나의 페니스를 보호하는 쪽을 택한다 → 나는 욕망과 환상, 그리고 불안까지 그 모든 것을 잊는다 → 부모와 나를 성적으로 떼어 놓고 그들의 도덕성을 내 것으로 삼는다 → 아버지는 남자이고 어머니는 여자임을 이해하게 되면서, 내가 남성 계보에 속하는 것도 조금씩 알게 된다 → 시간이 흘러서 청소년기가 되면 나의 오이디푸스 환상은 다시 찾아오고, 청소년의 대단히 엄격한 초자아는 격렬히 저항할 것이다. 이런 환상과 초자아 사이의 대립은 격앙된 수치심과 억압, 두려움, 여자에 대한 멸시, 기성 가치의 거부와 같은 청소년 특유의 저돌적이고 극단적인 태도로 나타난다.

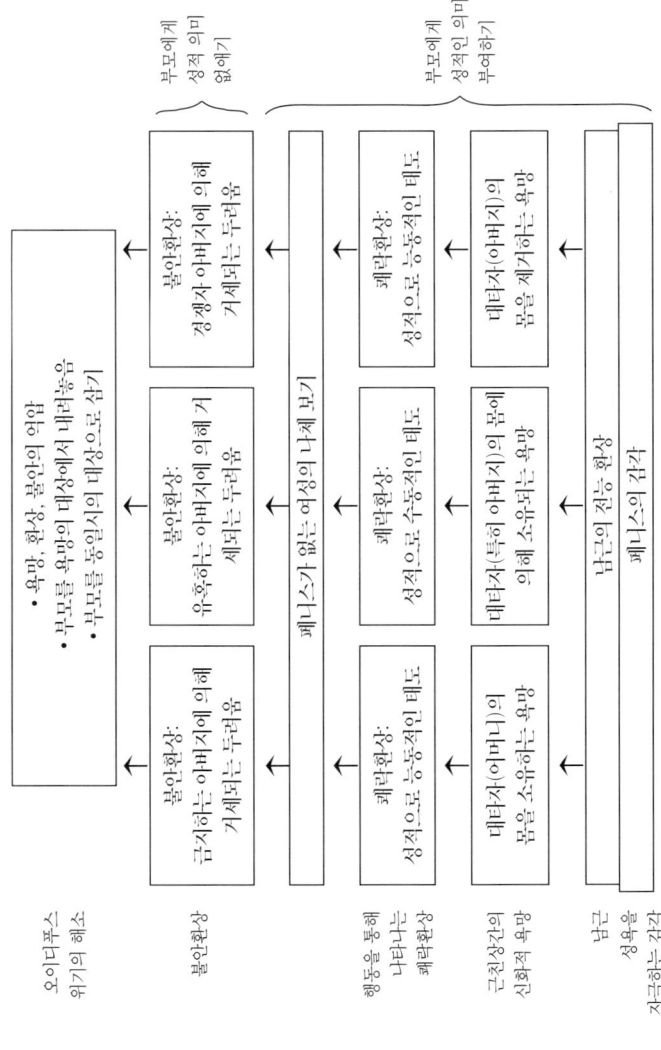

〈표 2〉 소년의 오이디푸스 논리

② 소녀의 오이디푸스

L'Œdipe de la Fille

이 장은 96쪽의 〈표3〉 소녀의 오이디푸스 논리와 함께 읽기 바란다.

소녀의 오이디푸스 L'Œdipe de la Fille

∴

전 오이디푸스기:
소녀는 소년과 같다

이제 나는 여성 오이디푸스를 네 개의 시기로 나누어 서술함으로써 메타심리학적 전설의 다음 편을 이야기하고자 한다. 그것은 남성 오이디푸스와는 아주 다른 세계이다. 네 살 난 소년에게 대타자를 소유하고 대타자에 의해 소유되며 대타자를 제거하는 세 개의 근친상간의 욕망은 서로 동존한다. 그러나 같은 나이의 소녀의 욕망은 처음에는 어머니를 소유하는 단 하나의 근친상간의 욕망만이 있다. 그 다음 아버지에 의해 소유되는 욕망이 이어진다. 내가 소녀도 '어머니를 소유한다'고 말하면, 당신은 의아하게 생각할지도 모른다. '오이디푸스'의 정의가 이성의 부모를 향한 아이의 에로틱한 이끌림이기 때문에, 오이디푸스 안에 있는 어린 소녀가 어머니를 욕망한다는 것은 말이 안 된다. 그러나 이것은 전 오이디푸스 단계로, 아버지에게 다가가서 오이디푸스 속으로 확실하게 들어가기 위한 필요조건이다. 소녀는 먼저 어머니에게 성적 의미를 부여하고 난 다음에, 비로소 아버지에게 성적 의미를 부여할 수 있다. 이런 이유에서 프로이트는 어머니에게 하는 성적인 의미부여를 아버지에게도 할 수 있게 하는 준비단계로 보고, 이를 '전 오이디푸스 단계'라고 했다. 그러나 소년은 이런 예비 단계가 필요 없었다. 그는 이성의 부모, 즉 어머니를 먼저 욕망했기 때문이다. 그래서 그에게 어머니는 오이디푸스적 욕망의 유일한 대상이 된다. 나는 소년의 유혹환상에서 아버지가 아들의 욕망의 대상일 수 있음을 지적했음에도 불구하고, 소년의 대상은 언제나 어머니라고 했다. 관례적으로 우리는 소년이 유일하게 성적인 대상으로 욕망한 존재가 어머니라는 점을 부인할 수 없다. 그러나 소녀는 처음에는 어머니였다가 아버지로 넘어간다. 그렇게 소녀는 양성 모두를 욕망하고 있다.

지금은 21세기 초이지만, 1930년대에 정신분석학자들 사이에서 벌어졌던 여자의 삶에서의 전 오이디푸스 단계의 중요성에 관한 대단히 흥미로운 여러 논쟁들을 기억할 필요가 있다. 실제로 이 단계는 우리가 날마다 만나는 신경증 환자들의 문제를 이해하는 데 꼭 필요하다. 여성의 이야기를 들을 때, 나는 분석 주체와 그녀의 어머니와의 관계를 생각한다. 마찬가지로 남성의 이야기를 들을 때, 나는 그와 아버지와의 관계를 중점적으로 생각한다. 내가 지금 설명하고 있는 오이디푸스 이론의 임상에서의 중요성을 당신도 느껴보았으면 한다. 그리고 신경증의 문제가 성인기에 다시 찾아온 동성의 부모에게 성적인 매력을 느끼는 역 오이디푸스(Œdipe inversé)의 고통에 있다는 점도 이해했으면 한다. 여성은 어머니와의 관계에서 좀 더 쉽게 신경증이 되고, 남성은 아버지와의 관계에서 좀 더 쉽게 신경증이 된다. 따라서 남성의 신경증이 소년의 아버지와의 고착에서 유래된다면, 여성의 신경증은 소녀의 어머니와의 고착에서 비롯된다고 할 수 있다. 남성 신경증 환자의 이야기를 들을 때, 분석가는 그의 아버지를 더 많이 생각한다. 그러나 반대로 여성 신경증 환자의 이야기를 들을 때, 그는 그녀의 어머니를 더 많이 생각한다.

임상을 떠나서 이번에는 '오이디푸스에 들어간다'는 특별한 표현을 잠시 생각해 보자. 언제 우리는 어린 소녀가 오이디푸스에 들어간다고 할까? 이에 대한 답변은 소년의 것과는 다르다. 소년은 오이디푸스에 직접 들어간다. 그는 단번에 어머니를 욕망하기 때문이다. 그리고 그는 어머니가 아닌 다른 여자를 욕망할 때, 오이디푸스를 떠난다. 한편 소녀는 어머니에게 성적 의미를 부여하고 배척하는 전 오이디푸스 단계 이후, 비로소 아버지에게 성적인 의미를 부여하면서 오이디푸스에 들어간다. 그리고 그녀가 아버지가 아닌 다른 남자를 욕망할 때 오이디푸스를 떠난다. 소년과 소녀가 서로 일치하지 않는 다른 점이라면, 오이디푸스에서 벗어나는 속도이다. 소년은 빠르고 갑작스러운 방식으로 양친에 대한 성적 의미를 동시에 없앤다. 그러나 소녀는 어머니에 대한 성적 의미를 먼저 없애고, 천천히 아버지의 것도 없앤다. 그렇게 소년은 하루아침에 오이디푸스에서 나오지만, 소녀는 몇 년에 걸쳐 나온다. 소년은 단번에 남자가 되고, 소녀는 차츰 여자가 된다.

이제 어린 소녀가 성적 대상으로서 어머니를 욕망하는 전 오이

소녀의 오이디푸스 *L'Œdipe de la Fille*

디푸스 단계를 살펴보자. 그녀는 어머니 앞에서 오이디푸스의 소년과 같은 태도를 취한다. 소년처럼, 소녀도 남근을 가지고 있다고 믿고 있고, 남근의 전능환상과 어머니에 대한 적극적인 성적 역할이 가진 쾌락환상이 유도하는 행동을 한다. 소년처럼 소녀도 행복하고 힘도 있고 자랑스러워하며 때로 강한 호기심, 관음증과 노출증, 공격성을 보인다. 말하자면 이 기간의 어린 소녀는 어머니를 소유하는 근친상간적인 욕망으로 들떠있으며, 어머니를 전부 가져서 아주 많이 기쁜 소년과 확실히 비슷한 남성적인 입장에 있다.

고독의 시기:
소녀는 외롭고 비참하다고 느낀다

그런데 자기 자신을 전능하다고 느끼는 기쁨에 찬 어린 소녀의 순진하고 오만한 자만심을 퇴색시키는 결정적인 사건이 일어난다. 소년은 여성의 신체에 페니스가 없는 것을 눈으로 인식하면서부터 불안해진다. 그런데 소녀도 자신의 성기의 모양이 소년의 것과 다름을 인식한다. 그리고 그 인식에 대해 어린 소녀는 즉각 반응한다. 소년처럼 튀어나온 부분 같은 것이 없다는 데 실망해서, "그 아이는 내게 없는 무언가를 가지고 있다!"고 생각을 한다. 그때까지 그녀는 전능의 감각으로써 자신에게 용기를 주었던 질과 클리토리스에서 느낀 쾌락의 감각을 믿고

소녀의 오이디푸스 *L'Œdipe de la Fille*

있었다. 그러나 페니스를 보게 된 지금, 그녀는 자신의 감각을 의심하고 힘의 원천이 그녀 자체가 아니라 타인의 신체 안에, 즉 소년의 성기 안에 있다고 생각한다. 페니스를 본 충격이 성욕을 갖게 했던 감각들의 느낌보다 훨씬 강했다. 예기치 못한 페니스의 이미지는 내적 느낌을 능가했다. 그리고 그녀가 보았던 것은 느꼈던 것을 파괴했다. 이제 소녀는 박탈당한 처지의 고통에 놓인다. 왜냐하면 패권이 성욕을 갖게 했던 감각이 아니라, 소년이 가진 눈에 잘 보이는 기관이 있기 때문이다. 이제부터 남근은 타인에게 있고, 그때부터 페니스의 형태를 갖는다. 이렇게 엄청난 착각은 내면에 쓰라린 아픔을 만들면서 갑작스럽게 무너져 내린다. 어린 소녀가 이미 빼앗긴 소중한 남근 때문에 고통스러워지는 이 환상을 나는 〈박탈환상〉 혹은 〈박탈고통의 환상〉이라고 한다. 소년이 잃어버릴까봐 불안해진다면, 소녀는 이미 잃어버려서 고통스럽다. 즉 소년은 거세를 무서워하고, 소녀는 박탈을 슬퍼한다.

불안환상은 소년의 오이디푸스를 해결해 주는 환상이라는 점을 잊지 말자. 자신이 가지고 있다고 생각했던 자랑스러운 남근을 잃게 될까봐 두려워진 소년은 어머니가 아니라 자신의 페니스를 선택한다. 그러나 소녀의 경우는 근본적으로 다르다. 왜냐하면 페니스를 가지고 있지 않다는 것, 그리고 앞으로도 절대 가질 수 없다는 것을 확인한 소녀는 잃을 것도, 두려울 것도 없기 때문이다. 소년과 달리 소녀는 잃을 것이 없다. 그래서 소녀는 잃는다는 두려움도, 불안도 없다. 이미 없는 소녀는 박탈당했고, 그래서 고통스럽다. 이렇게 소년에게는 불안이, 소녀에게는 고통이 지배적인 감정이다. 무엇에 대한 고통인가? 여자아이는 자신이 가지고 있다고 생각했던 더 없이 소중한 대상을 박탈당했기 때문에 고통스럽고, 속았다는 느낌 때문에 고통스럽다. 어린 소녀는 속았다고 생각한다. 소녀는 전능한 누군가가 그녀도 남근을 가지고 있다고, 또 영원히 가지고 있을 것이라고 속였다는 생각을 한다. 그리고 어머니가 그 일을 했다고 확신한다. 지금까지 전능한 존재였던 어머니는 이제 그녀에게 남근을 주지도 못한 존재, 그녀 역시 한 번도 가져본 적 없는 무능한 존재이게 된다. 어머니는 못 갖춘 존재로서 경멸과 비난의 대상으로 전락한다.

바로 그 순간, 둔한 생각이 든 딸은 어머니에게서 멀어진다. 그리고 고독 속에서 속았다는 것과 박탈당한 것에 대해 크게 화낸다. 박탈당했다는 것과 속았다는 것에 대한 고통은 실은 하나이며, 내가 말한 '굴욕의 고통', 즉 상처받은 자기 이미지를 의식하고 스스로 부당한 희생자라고 느끼는 고통과 같다. 여기서 자기애amour-propre에 대한 상처와 박탈은 하나의 감정, 즉 굴욕감과 혼합된다. 박탈의 경험은 남근을 소유하고 있다는 '당연한' 자부심에 가해진 돌이킬 수 없는 모독, 곧 나르시시즘에 가해진 굴욕적인 타격이 된다. 우리는 소년의 으뜸가는 나르시스적인 대상은 그의 소중한 기관, 즉 남근적 페니스pénis-Phallus이며, 그것을 보호하기 위해 부모를 포기하는 선택을 한다고 했다. 그러나 소녀의 탁월한 나르시스적인 대상은 자기 신체의 일부가 아니라 자기어, 곧 자신의 사랑스러운 이미지이다. 소녀로서 남근은 페니스가 아니라 자기 이미지image de soi이다. 그런 소녀는 자기애에 가해진 상처에 대해 즉각적으로 반응한다. 그녀는 어머니에게 빚 독촉하듯이 자신이 견뎌내야 하는 유감스러운 일에 대해 불평한다. 그 이후 소녀가 아버지를 욕망하게 될 때, 비로소 어머니와의 관계에 진정과 화해, 그리고 회복이 이루어진다. 그러나 현재 소녀는 어머니를 배척한 상태이고, 아직 아버지에게 도움을 청하지 않고 있다. 즉 부모 중 누구와도 가깝지 않은 지금, 어린 소녀는 외롭다. 암흑기의 외로운 소녀는 상처 입은 나르시시즘 때문에 눈물을 흘린다.

한 마디로 소년이 자신의 나르시시즘을 보호하기 위해 오이디푸스에서 나온다면, 소녀는 아버지를 맞이해서 상처 입은 나르시시즘의 치유를 부탁하기 위해 오이디푸스로 들어간다. 다시 말해서, 소년이 자신의 남근적 페니스를 보호하기 위해 어머니를 향한 근친상간적인 충동élan을 멈추었다면, 위로가 필요한 소녀는 새로운 욕망, 즉 아버지의 소유가 된다는 욕망으로 설렌다. 소녀는 어머니를 떠나, 위로를 받기 위해 아버지를 찾아간다. 그리고 그의 소유가 되는 희망을 품는다. 소년의 오이디푸스는 신체의 나르시시즘에서 끝이 났고, 소녀의 오이디푸스는 자기 이미지image du soi의 나르시시즘에서 시작된다.

남근을 소유한 데 대한
질투어린 부러움

어린 소녀가 자신에게 없는 남근의 페니스를 가진 소년을 발견하는 시점으로 돌아가 보자. 소녀는 자기애 속에서 상처 입었다고 느끼며 아파하고, 그래서 회복시켜 줄 것을 요구하기도 한다. 소녀는 "나는 사람들이 내게서 갈취해 간 남근을 갖고 싶어요. 소년의 것을 빼앗아서라도 꼭 갖고 말거예요"라고 외친다. 이러한 요구는 모독의 고통에서 남근을 가지고 있는 데 대한 질투어린 분노로 조금 누그러졌음을 보여준다. 이제 소녀는 정신분석가가 말하는 '페니스를 부러워한다'는 감정의 영향권 안에 있다. 그러나 소녀가 부러워하는 것은 소년의 신체 기관으로서의 페니스가 아니고, 그것을 보면서 느껴진 힘의 상징으로서의 남근이기 때문에 '페니스를 부러워한다'기보다는 '남근을 부러워한다'가 더 적합한 표현이 되겠다. 소녀는 페니스 자체에 대한 관심이 없을 뿐만 아니라, 그것을 그렇게 좋아하는 것도 아니다. 그녀가 관심과 열정을 보이는 것은 바로 힘이다. 그래서 힘이 있다고 추정되는 페니스를 부러워한다. 여기서 조심할 것은 부러움^{envie}은 욕망^{désir}의 유의어가 아니라는 점이다. 부러워하는 것이 곧 욕망하는 것은 아니다. 정확히 말해서, 부러워하는 것은 남근이지만, 욕망하는 것은 남자의 페니스이다. 어린 소녀가 부러워하는 것이 남근이라면, 성인 여자가 욕망하는 것은 남자의 페니스이다. 부러움이 유치한 감정이라면, 페니스에 대한 욕망은 성숙한 충동이다. 따라서 어린 소녀가 부러움의 유치한 감정에서 벗어나 남자의 페니스를 욕망하게 되려면, 소녀도, 소녀의 오이디푸스도 성숙해져서 여성이 되어야만 한다. 다시 말해서 소녀는 먼저 아버지에게 성적 의미를 부여하고, 그 다음 그에게서 분리된다. 그리고 시간이 많이 지나서 사랑하는 남성의 몸과 성을 주이상스하는^{jouir} 동반자가 된다. 그렇다. 남근에 대한 부러움, 그것은 유아적인 부러움이고 박탈되었다고 생각하는 힘의 상징을 회복하기를 원하는, 상처를 받아서 앙심을 품은 그리고 향수에 젖은 아이의 질투심이다. 이 상상의 싸움에서 남성에 대해 경쟁적 입장을 택한 소녀는 소년과 동등하게 겨룬다.

오이디푸스기:
소녀는 아버지를 욕망한다

이때 남근을 가진 놀라운 성인, 아버지가 나타난다. 상처 받고 질투에 사로잡힌 어린 소녀는 위로받고 안식하기 위해, 또한 능력과 힘을 얻기 위해 아버지에게로 향한다. 그녀는 아버지만큼 강해져서, 자신을 사람과 사물들의 새로운 주인으로 만들어 주는 남근을 앞세워 위협적이 되고 싶어 한다. 이 같은 요구에, 어린 딸의 전능한 환상 속의 아버지는 이렇게 말하면서 단호하게 거절의 뜻을 밝힌다.

"안 되는 일이다. 그것이 네 엄마에게 돌아갈 것이기 때문에,

나는 네게 내 혼의 불씨를 절대로 주지 않을 것이다." 물론 이렇게 말하는 아버지는 풍자된 인물로 변덕스럽고 타협을 모르는 아이가 환상으로 만들어낸 아버지이다. 성인 아버지는 절대로 그렇게 말하지 않는다. 만약 아이의 유치한 요구에 답해야만 한다면 차라리 이렇게 말할 것이다. "어쩌지? 나는 네가 생각하는 것처럼 절대적인 힘도 없지만, 그런 힘이라는 것이 존재하지도 않아서 줄 수도 없단다. 네가 달라고 한 남근은 사람들을 서로 사랑하게도, 때로 서로 파괴하게도 하는 아이들의 오래된 공상이고 꿈일 뿐이지. 남근을 가진 사람은 전에도 없었고 앞으로도 없을 거야. 그런데 아가야, 내가 가진 유일하고 가장 소중한 최고의 힘은 살기를 욕망하고, 내가 해야만 하는 것을 위해 매 순간 자신과 싸우며, 또 내가 해야만 하는 것을 사랑하고 이런 욕망을 네게 전해주려는 시도를 사랑하는 것이란다. 이제 너도 남근을 여성의 욕망, 즉 사랑하고 아이를 낳는, 그래서 창조하는 욕망으로 바꾸는 시도를 해야 할 거야."

소녀는 아버지의 이러한 단호한 거절을 기어이 남근을 갖고야 말겠다는 모든 소망을 한 방에 날리는 가혹한 일격으로 받아들인다. 아이는 자신이 남근을 가질 수 없다는 것을 이해했지만 그렇다고 포기한 것은 아니다. 그러나 지금은 아버지의 힘을 빼앗기 위해서가 아니라, 그녀 자신이 힘의 원천이 되기 위해서 청춘의 폭발적인 욕망을 가지고 아버지의 품으로 뛰어든다. 소녀는 남근을 갖고자 했지만, 지금은 좀 더 나가서 아버지의 소유물이 되기를 원한다. 이것은 어린 소녀가 자기 자신이 아버지의 소중한 남근이고 싶다는 의미가 된다. 즉 그녀는 아버지가 많이 좋아하는 여자이기를 원한다는 것이다. 아버지의 최초의 거절, "안 된다" 때문에 아버지의 남근을 갖겠다는 시기어린 부러움은 그때부터 아버지의 소유물이 되고 싶다는 근친상간적인 욕망을 움트게 한다. 부러워하는 어린 소녀는 남성의 위치를 택했지만, 이제 욕망하는 소녀는 여성의 위치에 선다. 부러워하는 남성적인 감정에서 아버지의 소유가 된다는 여성의 욕망이 온다.

이렇게 환상의 주역인 아버지를 성적인 대상으로 삼으면서 어린 소녀는 본격적으로 오이디푸스기에 접어든다. 아버지의 소유가 되겠다는 오이디푸스의 욕망을 가장 잘 보여주는 쾌락환상은 그의 부인이 되는 것이며, 소녀는 "나는 아빠와 결혼할거야!"라는 말로 이 소망을 표현한다. 또한 오이디푸스로의 입문은 한동안 소원했던 어머니가 다시 나타나서 따뜻함과 여성스러움으로 딸을 사로잡는 바로 그 순간에 있다. 소녀는 전에 그렇게 비난했던 어머니를 이제는 아버지의 사랑을 받는 여자로서, 여성성의 모델로서 본받는다. 아주 자연스럽게 어린 딸은 어머니에게 다가가서 남편compagnon의 마음에 들어서 사랑을 받는 어머니의 욕망에 동일시된다. 그래서 어린 소녀의 오이디푸스적인 행동은 어머니로 현실화된 이상적인 여성상에 전적으로 영감을 받고 있다. 어린 딸은 어머니로부터 남자를 유혹하는 기술을 배우기 위한 관찰하는 청각이고 시각이다. 이 나이의 여자아이들은 화장을 하고 있거나 꾸미고 있는 어머니를 바라보는 것을 좋아한다. 그리고 어머니를 감탄하는 만큼 경쟁의식도 있어서, 모든 어머니는 소녀에게 있어 이상형이면서, 동시에 위험한 경쟁 상대가 된다. 사랑하는 남자의 아내가 되고, 또한 그의 아이를 낳는 어머니의 욕망에 대한 소녀의 첫 번째 동일시 움직임은 이렇게 완성된다.

오이디푸스의 해소:
여자는 남자를 욕망한다

딸에게 남근을 거절했던 아버지는 이제 딸을 성적 대상으로 삼는 것, 그리고 그 딸을 자신의 남근으로 여기는 것, 즉 딸을 근친상간적으로 소유하는 것도 확실히 거절한다. "나는 네게 내 힘을 주지 않을 것이다"고 했던 첫 번째 거절에서 딸은 어머니와 가까워지게 되고, 또 동일시된다. 그리고 "나는 너를 여자로 원하지 않는다"는 두 번째 거절에서 딸은 인간으로서의 아버지에게 동일시된다. 사실 이것은 여성의 오이디푸스 전개에서 이상하지만 대단히 건강한 현상을 만들어낸다. 즉 어린 소녀는 자신이 아버지의 성적 대상이 될 수 없기 때문에 아버지처럼 되고 싶다는 것, "아빠가 나를 여자로 원치 않았기 때문에, 나는 아빠처럼 될 거야!"라는 이 말은 무슨 뜻일까? 소녀는 아버지의 사람이 되는 것을 포기하지 않으면서도, 그의 소유가 된다는 자신의 욕망을 억제한다는 뜻이다. 오이디푸스의 소년이 무기력하게 어머니를 잃는 것을 감수하는데 반해, 더 이상 잃을 게 없는 소녀는 아버지를 사로잡고자 대담하게 열중한다. 소녀는 남근을 갖고 싶어 했던 것도, 아버지의 남근이 되고자 했던 것도 모두 거절당했다. 그래서 소녀는 이제 아버지라는 사람을 원한다. 그런데 그것은 가능할 것 같다. 어떻게? 탐욕스럽게 쳐다보는 것으로, 즉 아버지를 자신에게 동화시켜, 그녀에게서 아버지를 재현시킨다면 말이다. 따라서 아버지에게 성적 의미를 없애는 것은 근본적으로 애도의 성격을 지닌다. 어린 소녀는 성적인 의미를 지닌 아버지를 애도하고, 그녀에게 성적인 의미가 없는 아버지를 재현시킨다 상실의 슬픔에 잠긴 사람이 애도 끝에 고인에게 동일시되는 것과 마찬가지로, 소녀가 환상의 아버지를 포기하게 되는 것도 실제 인물인 아버지와의 동일시에서 이루어진다. 환상의 아버지는 죽었지만, 동일시의 모델로 부활된다. 달리 말하면 어린 소녀는 오이디푸스의 환상 속에서 욕망할만한 아버지를 차지하기를 멈추고 자아 속에서 그의 인격을 통합한다. 이렇게 그 아이는 실제 아버지의 특성인 태도와 행동, 욕망과 도덕적 가치까지 닮는다. 이제 그녀는 '아버지를 꼭 닮은 초상'이다. 어머니의 여성적 특성에 동일시된 이후 아버지의 남성적 특성에 동일시된 어린 소녀는 마침내 오이디푸스의 장면을 떠나, 미래의 여성으로서의 삶의 동반자에게 눈을 뜬다. 여성을 구성하는 동일시에는 어머니의 여성성에 대한 동일시와 아버지의 남성성에 대한 동일시가 있음을 기억하도록 하자. 그리고 남성성에 대한 동일시는 두 차례에 걸친 거부, 즉 아버지가 딸에게 남근을 줄 수 없다고 한 첫 번째 거부와 딸을 남근으로서 갖지 않겠다는 두 번째 거부에서 비롯되었다는 점도 함께 기억해 두자.

이것을 다른 방식으로 설명해본다. 우리가 방금 살펴 본 아버지와 오이디푸스의 딸의 대립 장면에서, 나는 두 사람이 주고받은 짧지만 격렬한 이야기가 생각났다. 여기서 나는 아버지가 아내를 사랑하는 건강한 남자라는 점을 알리는데 각별히 신경을 썼다.

어린 딸	아빠가 가진 힘을 내게 주세요.
아버지	그럴 수는 없지. 내가 누군가에게 힘을 줘야 한다면, 그것은 엄마란다.
어린 딸	그렇다면, 내가 아빠의 힘이 돨게요. 내가 아빠의 뮤즈, 열정적인 힘의 원천이 될 수 있게 해주세요. 부탁이에요! 내가 얼마나 소중한 아빠의 대상인지를 보세요. 나를 가지세요!
아버지	말도 안 되는 소리야. 넌 내 아내가 아니란다. 나는 이미 네게 내 힘을 주기를 거절했고, 네가 그 힘의 원천이 아닌 것도 알고 있어.
어린 딸	아빠는 내게 힘도 안 주고, 아빠의 뮤즈도 안 시켜주었지만 나는 아빠를 놓지 않아요. 내가 아빠처럼 되는 것은 어쩌지 못하시겠지요? 나는 아빠보다 더 괜찮은 사람이 될 거예요. 그래요. 나는 아빠처럼 걷고 아빠 코의 윤곽을 띠고 강렬한 눈길, 빛나는 지성, 뜨거운 야망까지 아빠를 빼다 박은 것처럼 닮을 거예요. 두고 보세요. 나는 아빠만큼, 아니 아빠보다 훨씬 강해질 테니까요.

이것이 청춘의 허기, 사랑을 받고 언젠가는 아이를 갖는다는 욕망의 실현을 멈춘 적 없는 어린 소녀의 투지이다. 사랑하고 생명을 전달하는 것은 결국 자연이 여자에게 부여한 가장 신성한 사명이다. 마치 자연은 — 자연이라 불리는 실체가 정말로 존재한다면 — "어떻게든 욕망을 지키고, 사랑을 보호하며 반드시 생명을 전달해라!"라고 준엄하게 명령하면서 용기를 북돋고 있는 듯하다.

계속하기 전에 나는 여성의 오이디푸스에 관한 분석적인 문헌이 얼마나 대단하고 풍부하며 또 많은 질문을 하고 있는가를 이야기하고 싶다. 어쨌든 모든 저자들은 여성성féminité은 풀 수 없는 수수께끼로 남는다고 선언하면서 똑같은 결론에 이른다. 그러나 일단 자신의 무지를 깨닫게 되면, 더 이상 진척을 할 수 없기에, 나는 정신분석의 이론과 환자가 들려준 것에서 착상을 얻은 상세하고 명확한 각본을 제시함으로써 소녀의 오이디푸스 전설을 깊이 연구하고, 그 이야기를 만들려고 했다. 소년과 달리 소녀는 사랑에 대한 해소되지 않는 갈증으로 인해 활기차게 되고, 오이디푸스의 강도도 점점 커지게 된다는 나의 직관을 극화하고 싶었다. "내게 주세요! 나를 가지세요! 둘 다 안 된다구요? 그러면 난 아빠를 쏙 빼 닮을 거예요!"라는 오이디푸스 소녀의 외침은 고양된 욕망으로, 쉬 꺾이지 않는 여성성의 근성에서 뻗어 나왔다.

∷

여자에게 최고의 여자다움은
여자의 마음속에 있는 아버지가 만든다

"아버지는 내게 자신의 흔적을 남겼습니다. 아버지는 내 욕망에 스며들었고 내 코의 윤곽을 빚었습니다. 아버지는 내 걸음걸이에 리듬을 주었고, 특히 내가 여자로서 나 자신을 최고로 여자답다고 느끼게 합니다."

—어느 여성 환자의 말

이제 아버지라는 인물과 소녀와의 동일시를 살펴보기로 한다. 임상적인 관점에서, 환상적인 아버지의 존재가 여자의 삶에서 얼마나 중요한지 모른다. 고통을 느끼고 있는 여성의 이야기를 듣는다면, 당신은 두 가지 사항을 물어야 한다. 첫째, 그녀가 자주 갈등을 일으키는 동성의 부모, 즉 어머니와 맺고 있는 관계를 물어야 한다. 둘째, 그녀에게 아버지는 어떤 분인가를 물어야 한다. 그렇다. 여자의 마음속에는 언제나 아버지가 있다. 나는 여성 환자의 이야기를 들을 때마다, 그녀가 아버지에게 사로잡혀 있다는 생각이 든다. 확실히 아버지와의 동일시가 모든 여자들에게 해당되지 않는다. 그러나 그녀가 인정하고, 또 당신이 훌륭한 관찰자일 때, 쉽게 환자의 방심한 얼굴 표정과 이마의 주름에서, 거친 손에서, 코의 윤곽에서, 자연스럽게 서고 걷는 방식에서 아버지를 찾아낼 수 있다. 사실 여자는 아주 흔히 무의식적으로 아버지와 같은 분위기의 얼굴과 걸음걸이를 취한다. 두말할 것도 없이, 환상의 아버지는 여자의 삶의 중심에 있다.

여기서 나는 아주 전통적인 가족 상황을 생각한다. 일단 아버지와 동일시되면, 소녀는 살과 뼈로 된 진짜 아버지를 못 견딘다. 아이는 아버지에게 잘못과 약함에 대해, 혹은 단순히 그가 그렇다는 것에 대해 화내고 비난한다. 따라서 아버지 — 진짜 사람 아버지를 말한다 ― 앞에는 딸의 인격이 된 자신의 초자아의 화신이 있다. 딸은 자기도 모르게 아버지의 가장 무서운 경쟁자가 되고, 아버지는 딸의 가장 견디기 힘든 거울이 된다.

위와 같은 것은 딸의 아버지와의 병적인 동일시를 가리킨다. 이러한 내투가 어머니와의 동일시로 균형을 이루지 못할 때, **내가 사랑의 히스테리**$^{hystérie\ d'amour}$라고 했던, 사랑의 관계를 거부하는 가장 고질적인 여성 신경증이 자리 잡는다. 환상의 아버지에게 완벽하게 사로잡힌 여자는 지속적인 사랑의 관계에 들어갈 수 없다. 모든 사랑의 수용기가 무소부재한 아버지로 채워져 있기 때문이다. 그녀는 사랑에 빠지지 않는다. 그러나 사랑하는 아버지에게 완전히 사로잡혀있다. 따라서 그녀는 혼자이고 불만족스럽지만 비밀스런 열정으로 가득 차있다. 그녀는 남자에 대한 미움도 원한도 없다. 다만 사랑과 성 생활에서 물러서 있을 뿐이다. 그냥 그녀는 내면에 아버지를 간직하고 있는 것이 깨지기도 쉽고 버려질 위험이 있다고 생각되는 애정 관계에 들어가는 것보다 더 좋을 뿐이다.

아버지와의 대대적인 동일시 때문에 신경증이 되는 가능성을 제외하면, 어린 딸은 자신에게 어머니와 아버지에게서 동시에 가져온 여성과 남성의 특징들을 다양하게 적용시킬 것이다. 이것이 여성 오이디푸스의 가장 흔한 결말이다. 오이디푸스 끝은 여자가 되어가는 어린 소녀가 남성과 여성의 특징들을 적용함으로써, 아버지의 소유가 되는 욕망을 점차 사랑하는 남자의 소유가 되는 욕망으로 바꿔가는 긴 여정이다. 이렇게 아버지와의 오이디푸스적인 관계에서 성적인 의미 없애기와 함께, 여성으로서의 정체성 인수는 느리게 진행된다.

그러면 소녀의 오이디푸스는 어떻게 해소될까? 그것의 이상적인 결말을 제시하면 이렇게 되겠다. 전능한 남근이 박탈되었다는 소녀의 고통스러운 환상은 결국 희미해진다. 이제 여자가 되어가는 중에 있는 소녀는 남근이 있거나 없는 유치한 이분법도 완전히 잊었다. 그녀는 더 이상 남성에게 있다는 상상의 남근을 척도로 자기의 존재나 성을 측정하지 않는다. 그녀는 허구적인 남근과 주별했고, 그녀의 성은 사라지고 없는 남근과는 다른 것임을 인정한다. 그렇게 여자는 거세되고 열등하다는 유아적인 사고에서 벗어난다. 그리고 더 이상 어머니를 나무라지도, 남자와 경쟁하지도 않는다. 소녀는 질과 성관계에 대한 욕망, 그리고 성적인 결합 속에서 페니스를 주이상스하는_jouir_ 욕망을 발견한다. 그러면서 그녀는 자궁도, 사랑하는 남자의 아이를 낳는 자신의 욕망도 알게 된다.

결론을 내리기 전에 아주 흔한 오해를 해소하기 위해 한 가지 덧붙인다. 정신분석이 남근 개념의 창시자이며, 여자를 거세되고 열등한 존재라고 생각한다고 믿는 사람들이 있다. 절대 아니다! 정신분석이 한 일은 — 그리고 이것이 진정한 혁명이었다 — 사람들이 아주 유독한 바이러스만큼이나 병적인 환상에 사로잡혀 살고 있다는 것, 그리고 그 환상들 중 가장 독성이 강한 것이 여자를 거세당한 열등한 존재로 표상하는 것임을 발견했을 뿐이다. 또한 이 환상은 유년기의 망상이고, 이런 유치한 표상이 대다수의 성인 신경증 환자의 뇌리에 그대로 남아있다는 점을 확인했을 뿐이다. 여자를 거세된 존재라고 생각하는 것 자체가 신경증이다. 너무나도 명백히 이것은 잘못된 생각이다. 여자의 성性은 어떤 결여가 아닌 그 자체이다. 여자는 여자만의 성을 가지고 있으며, 그것을 자랑스러워한다. 질이나 가슴, 피부 혹은 성적 흥분을 가져오는 신체 모든 부분에 관련해서도 여자는 있는 그대로의 자신으로 인해 행복하다. 그런데 왜 신경증에 걸린 여자나 남자는 여자를 열등한 존재로 여길까? 그것은 그 자신이 관련되어 있기 때문이다. 바로 그가 힘없는 여자이기 때문이다! 유아적인 환상에 고착된 신경증 환자는 거세의 위협 아래 살고 있어서, 그의 모든 감정적인 관계들이 방어적인 양식으로 되어있다. 즉 그는 자신을 둘러싸고 있는 것과 그가 의존하는 사람들⋯그리고 절대 의존하고 싶어 하지 않는 사람들에서 오는 모든 무례함과 모독을 피하기 위해 언제나 경계상태에 있다. 환상 속에서 신경증 환자는 마치 "그들은 나를 갖지 못하지! 나는 가녀린 여자가 아니거든!" 또는 "나는 그들의 하녀가 아니야!"라는 생각을 하고 있는 듯하다. 다시 말해서 정신분석이 전제하고 있는 남근과 여성의 거세는, 전자는 망상이고 후자 또한 신경증의 여성과 아이의 무의식적인 상상 속에나 있는 것이다.

소녀의 오이디푸스 논리 요약

소년이 오이디푸스를 건너가는 것을 이야기하는 방식대로, 소녀는 어떻게 건너가는지 들어보자.

소녀의 오이디푸스 *L'Œdipe de la Fille*

전 오이디푸스기	내 살 돋 나는 클리토리스의 흥분을 느낀다 → 나는 전능한 남근을 갖고 있고, 그래서 전능한 내가 자랑스럽다 → 소년과 똑같이 나는 어머니를 소유하기를 욕망한다 →	소녀는 소년과 같다
고독의 시기	→ 벌거벗은 어린 소년에게서, 나는 나에게 없는 남근을 발견한다 → 나의 박탈을 아파한다 → 어머니 역시 없다는 것을 알아차린다 → 우리들 모두가 그것을 가졌다고 믿게 만들었던 어머니를 나무란다 → 어머니가 나를 속였다 → 화가 난 나는 어머니를 떠난다 → 현재 외롭고 비참하다. 내 사랑 자체가 상처를 입었다 → 소년을 질투한다	소녀는 외로움과 비참함을 느낀다
오이디푸스기	→ 지금 나는 남근을 가진 어른, 아버지가 목표다 → 시기와 질투로 나는 아버지에게 남근을 달라고 요구한다 → 아버지가 거절한다 → 나는 절대로 갖지 못한다는 것을 알았다 → 아버지에게 나를 위로해 달라고 요구한다 → 나의 부러움은 욕망으로 변한다. 이제 아버지의 남근을 갖기보다, 아버지를 원한다. 즉 나는 아버지가 더 많이 좋아하는 여자이고 싶다 → 따라서 나는 욕망되는 여자이면서 여성성의 모델인 어머니와 동일시된다 → 나는 아버지가 소유해주기를 욕망한다 →	소녀는 아버지를 욕망한다
오이디푸스의 해소	→ 아버지는 거절한다 → 나는 아버지에게서 성적인 의미를 없애고, 인간 아버지와 하나가 된다 → 차츰 나는 여자가 되고 사랑하는 남자에게 끌린다 → 나는 허구적인 남근을 척도로 나의 성性을 측정하지 않고, 질과 자궁, 그리고 남편의 아이를 갖는 욕망을 발견한다	여자는 남자를 욕망한다

〈표 3〉 소녀의 오이디푸스 논리

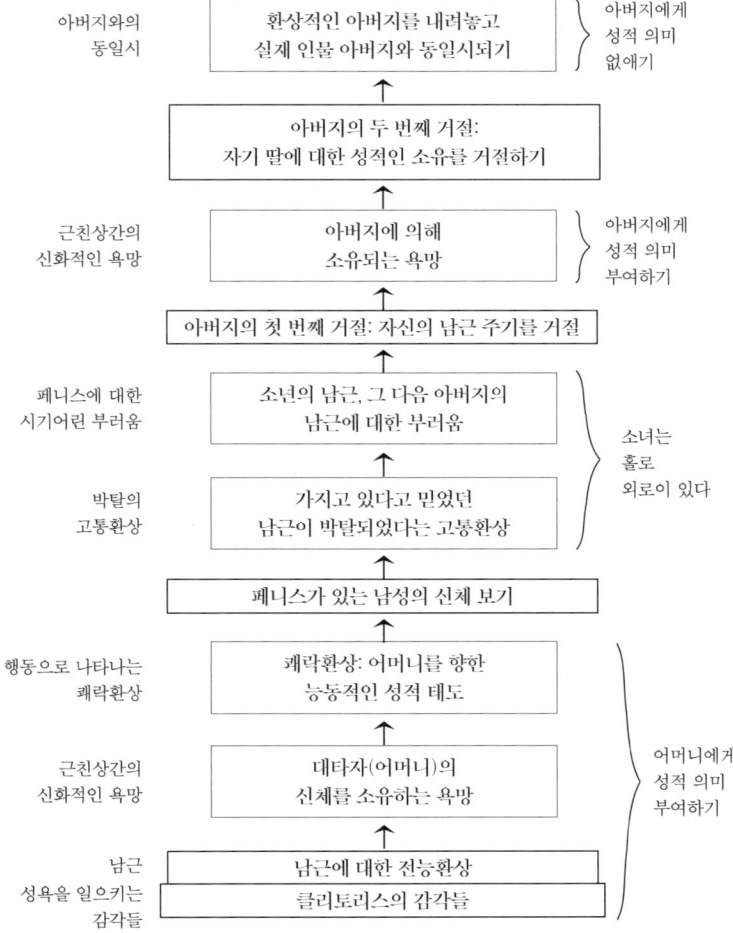

3

오이디푸스에 관한 질문과 답변
Questions et réponses sur l'Œdipe

여기에 있는 질문과 답변은 오이디푸스를 주제로 가졌던 여러 강연에서 청중들에게 받은 질문과 그에 대한 나의 답변을 편집한 것이다.

오이디푸스에 관한 질문과 답변 *Questions et réponses sur l'Œdipe*

오이디푸스 개념은
어떤 문제를 해결하는가?

"당신은 자주 정신분석의 개념은 문제에 대한 답변이라고 하셨습니다. 그러면 오이디푸스의 문제는 무엇일까요?"

맞습니다! 정신분석의 개념은 이론의 일관성과 치료의 효용성의 측면에서 꼭 필요하다고 밝혀질 때에만 가치가 있습니다. 내가 방금 설명했던 것만큼 중대한 개념이 관련될 때, 그 원리는 그만큼 진정성이 있습니다. 그러면 오이디푸스는 어떤 문제를 해결할까요? 내가 볼 때, 오이디푸스는 두 가지 질문에 답하고 있습니다. 남자와 여자의 성적인 동일시는 어떻게 이루어질까요? 그리고 사람은 어떻게 신경증에 걸릴까요? 즉 오이디푸스는 성인의 성본능의 기원과 그 너머의 많은 신경증적인 고통의 기원에 관한 문제에 답하고 있습니다. 성본능과 신경증, 이 두 문제가 서로 밀접하게 얽혀있는 까닭에, 사람들은 신경증을 유년기의 교란된 성본능, 성숙이 멈춘 성본능, 혹은 과도하게 발달된 성본능이나 반대로 억압된 성본능의 결과라고 말하기도 합니다. 근본적으로 오이디푸스는 네 살 난 아이를 사로잡은 에로틱한 쾌락이 어떻게 마흔 살의 성인 남녀를 힘들게 하는 신경증적인 고통으로 변하는 가를 이해하게 해줍니다.

나는 지금 프로이트가 오이디푸스 콤플렉스를 발견하게 된 배경을 떠올리면서 이 사상을 설명하려고 합니다. 프로이트는 어디에서 오이디푸스 사상을 끌어냈을까요? 아이를 관찰하면서였을까요? 물론 아닙니다. 프로이트가 아이들의 행동을 유심히 관찰했던 것은 분명합니다. 그래서 지금도 여전히 가족의 실제 생활에서 그가 발견한 것을 확인할 수 있습니다. 그럼에도 불구하고, 프로이트는 부모-자녀 관계를 연구하면서 오이디푸스의 개념을 구상하지 않았습니다. 그러니까 아이들의 관찰로부터 오이디푸스를 이끌어 낸 것이 아닌 셈입니다. 그렇다면 우리는 프로이트는 자기 분석을 통해 오이디푸스를 발견했다는 가정을 할 수 있습니다. 실제로 프로이트는 꿈을 꾸면서, 그 꿈을 분석하면서, 어린 시절을 회상하면서, 자신의 성찰을 편지로 주고받았던 친구인 빌헬름 플리스Wilhelm Fliess에게 설명하면서 오이디푸스를 구상합니다. 본질적으로 존속살해 욕망의 지배를 받고 있고 그로 인해 죄의식을 느낀다는 오이디푸스 사상을, 프로이트는 아버지 야콥 프로이트Jacob Freud가 사망했던 1897년에 처음 발표합니다. 그러나 나의 가정은 프로이트가 정신분석의 핵심이 되는 이 개념의 본질을 자기 성찰을 통해 파악하지 않았다는 것입니다. 오이디푸스는 프로이트가 성인 환자의 이야기를 듣는 가운데 고안해낸 것입니다. 지금부터 여러분께 이야기 하나를 해드리겠습니다.

1896년의 비엔나, 베르가스 19번지의 상담소에서 프로이트는 자신의 어린 시절을 이야기하는 히스테리 환자를 만납니다. 그의 이야기를 주의 깊게 들으면서 프로이트는 최근에 구상했던 히스테리의 병인론에 관한 주제를 확고히 하려고 합니다. 그

당시 프로이트는 히스테리를 이렇게 생각했습니다. '히스테리는 환자의 생애 초기에 돌발했던 성적인 외상을 기억해낼 수 없기 때문에 생겼다. 여기서 외상은 환자의 어린 시절에 어른에게 당했던 성적인 학대이고, 환자는 그 유혹 장면을 기억으로 떠오르지 못하도록 집요하게 억압했기 때문에 신경증이 되었다. 이렇게 무의식에 억압된 유혹의 장면은 고통스러운 증상들로 나타나기 때문에 환자에게는 독이 되고, 그 독성을 없애려면 그것을 의식하게 해야만 한다'는 것입니다. 그러니까 프로이트는 히스테리를 낫게 하려면 무의식 속에 숨겨놓은 성적인 내용으로 된 장면들이 의식되기만 하면 된다고 보았던 것입니다. 그렇게만 되면 그것은 병적인 힘을 잃고 병의 온상도 되지 않는다는 것이지요. 그래서 프로이트는 젊은 여성 히스테리 환자를 만나면, 그녀의 어린 시절에 어른에 의한 유혹이 있었는지를 알고자 노력합니다. 그리고 만약 있었다면, 그에게 외상 체험을 재현시킬 생각에서 그 사건에 대해 자세히 이야기하게 하고, 그는 열심히 들었습니다. 그러나 그로부터 몇 년 후, 프로이트는 자신의 이론에 중대한 수정을 가합니다. 왜냐하면 이 유명한 유혹의 장면들이 실제로 일어난 사건이 아니라, 환자가 상상을 통해 만들어낸 환상임을 알았기 때문입니다. 따라서 신경증의 증상들은 실제로 겪은 성적인 학대 때문에 생긴 것이 아니라 환상화된 성적인 학대를 잊어버렸기 때문에 생겼다고 합니다. 프로이트가 중요하게 생각한 것은 히스테리는 실재한 사건이든 환상 속의 사건이든, 성도착의 어른이 유아에게 저지른 성적 유혹의 장면을 억압했기 때문이라는 점입니다. 따라서 히스테리는 망각에 의한 병이고, 히스테리 환자는 고통스러웠던 것에 대한 기억을 원치 않았기 때문에 히스테리가 되었다는 점을 꼭 기억하기 바랍니다.

그러나 그것이 오이디푸스와는 무슨 관계가 있는지 궁금합니다. 나는 프로이트가 유혹 장면에 개입한 등장인물과 시나리오를 곱씹으면서 오이디푸스를 발견했다고 봅니다. 신경증 사례에서, 어린 소녀를 유혹한 사람은 성도착자인 남자 성인입니다. 반면 오이디푸스의 사례에서, 어린 소녀를 유혹한 사람은 바로 소녀의 아버지입니다. 프로이트의 이론에서, 히스테리의 원인인 유혹환상의 장면은 환상화된 장면입니다. 거기서 아버지는 아이를 유혹했습니다. 실재 아버지는 나쁜 결과를 가져오는 쾌락에 눈멀지도 않았고, 아이는 성적인 학대의 희생자도 아닙니다. 아이는 아버지가 평소보다 살짝만 더 부드러워도, 충분히 그 부드러움을 성욕의 자극제로, 또한 아주 강렬한 성적 쾌락으로 느낍니다. 그러나 아버지에 관한 생각이 완전한 오이디푸스를 발견하게 한 것은 아닙니다. 여기에 중요한 요소가 빠졌습니다. 환자가 이야기하는 어린 시절의 성과 관련된 에피소드를 들으면서 그 장면을 그려보고, 또 유혹당하는 아이의 배역에 동일시하는 가운데 프로이트는 아이가 단순하게 수동적인 위치에 있기만 한 것이 아니라, 아버지가 유혹하면 좋겠다는 적극적인 욕망에 사로잡혀 있다는 점을 알아냅니다. 그렇습니다. 오이디푸스의 열쇠는 아버지에게 소유되고 싶은 아이의 근친상간적 욕망 안에 있습니다. 프로이트는 두려움에 사로잡힌 작은 소녀가 침범해 들어오는 어른에 의해 수동적인 희생자가 되는 유혹의 장면에서, 순진하고 감각적인 작은 소녀가 아버지나 오빠에게 자신을 성적으로 욕망하도록 부추기는 선동자가 되는 오이디푸스의 장면으로 이행하면서 오이디푸스를 발견했습니다. 유혹의 장면만 보면, 아이는 희생자입니다. 그러나 오이디푸스에서 보면, 아이는 유혹당하고 싶은 욕망과 그렇게 되는 두려움 사이에서, 즉 쾌락을 갈망하지만 그것을 경험하기가 두려워서 갈등하는 존재입니다.

오이디푸스를 어떻게 발견했는지 알았으므로, 이제 우리는 "오이디푸스는 어떤 문제를 해결할까?"라는 처음에 했던 질문으로 가봅니다. 오이디푸스는 모든 여자와 남자의 성정체성의 기반이 되는 **유혹의 환상**, 곧 쾌락과 불안의 환상입니다. 대개 아이는 이 환상을 동화시킵니다. 그러나 힘들게 억압되는 쾌락이나 불안, 고통 같은 것이 외상적이 되는 일도 생깁니다. 그래서 유혹의 상황 속에서 오이디푸스의 아이가 겪은 감정들이 너무 격해서 어른이 될 때까지도 남아있다면, 그것은 신경증의 원인이 됩니다. 청산되지 않은 오이디푸스의 환상은 독성이 있으며, 의식으로 떠올라 신경증 환자의 삶 속에서 반복적이고 강박적으로 표출됩니다

"아이가 처음 성적인 쾌락을 느끼는 나이는 몇 살일까요?"

먼저 아이가 경험한 쾌락의 성적인 성격은, 우리 같은 성인이 느끼는 것과는 확연히 다릅니다. 우리는 자궁 내의 태아에게 성적인 흥분까지는 아니어도, 생식기의 가벼운 떨림 정도의 체험을 추정하게 하는 발기가 있을 수 있음을 알고 있습니다. 이것은 아이의 몸이 어른과 접촉하고 있다는 조건에서, 즉 아이를 돌보는 데서 기쁨과 즐거움을 느끼고 욕망을 가진 어른과의 가능한 한 가장 부드럽고 정결한 접촉이라는 조건에서, 성적인 쾌락을 경험하는 데는 나이가 없다는 의미입니다. 이것에 관한 프로이트의 글이 있습니다. 그는 주저하지 않고 "성적인 사랑과 다정한 감정은 같다"라고 말합니다. 또한 그는 이렇게 말합니다. "어머니와의 관계는 아이에게 성적인 자극과 만족의 지속적인 원천이다. 그리고 그것은 어머니가 아이를 완전히 대체된 성적 대상으로 여겨서, 매혹하고 안아주는 만큼 더하다. 물론 어머니는 자신의 부드러운 손길이 아이의 성적 욕동을 자극한다고 하면 크게 놀랄 것이다. 어머니는 신체적으로 꼭 돌봐야 하는 경우가 아니라면 아이의 생식기를 건드리지도 않았다.

따라서 어머니는 자신의 행위가 비성적인 것으로, 성본능과는 전혀 상관없는 순수한 사랑의 표현이라고 생각한다. 그러나 우리는 이미 성적인 욕동이 꼭 생식기를 자극해야만 일어나는 것도 아니고, 부드러운 손길은 몹시 자극적이라는 것도 잘 알고 있다."

여러분에게 오이디푸스를 소개하면서 성본능은 가족의 사랑과 미움의 중심에 있다고 말했지만, 방금 읽은 대목에서 프로이트는 아주 많은 진전을 보여줍니다. 왜냐하면 그는 다정함 안에 성적인 것이 있다는 데서 나아가, 다정함 자체가 성적 흥분이라고 말하고 있기 때문입니다.

"아기가 어머니의 품속에서 성적인 쾌락을 느낄 수 있는 게 사실이라면, 우리는 오이디푸스가 3-4세 이전에 나타난다고 연역할 수는 없을까요?"

이 질문은 정확하게 신생아의 오이디푸스를 전제한 멜라니 클라인Melanie Klein의 입장이기도 합니다. 그리고 아이의 욕망은 어머니 욕망을 연장한 것에 불과해서, 오이디푸스에는 나이가 없다고 생각하는 라캉의 입장은 우리가 앞에서 이해했던 문장 속의 프로이트 입장을 근거로 하고 있습니다. 그렇기 때문에 클라인의 오이디푸스와 프로이트의 오이디푸스 사이에는 큰 차이가 있습니다. 멜라니 클라인에게 아기의 에로틱한 충동들은 인간 전체로서가 아닌 젖의 존재로 축소된 부분적인 대상으로 느껴진 어머니를 향해 갑니다. 클라인에게는 구강, 항문 등의 오이디푸스가 있을 수 있지만, 프로이트는 아닙니다. 오이디푸스는 쾌락을 느끼는데 예민하고 생생한 욕망이 숨 쉬는 신체를 갖춘 사람으로서, 어머니나 아버지에게 아이의 에로틱한 욕동들이 향할 때에만 존재합니다. 그래서 멜라니 클라인에게 오이디푸스는 구강기나 항문기에 있다면, 프로이트에게 오이디푸스는 전생식기 이후와 생식기 이전의 남근기에 있습니다.

오이디푸스에 관한 질문과 답변 *Questions et réponses sur l'Œdipe*

"어머니 혼자 아이를 양육할 때, 오이디푸스는 어떻게 일어날까요?"

이 경우 오이디푸스는 어머니가 욕망한다는 조건에서 완벽하게 일어납니다. 어머니가 혼자 사는 것보다 중요한 것은 어머니가 누군가에게 애착이 있는 것, 즉 누군가를 욕망하는 것입니다. 만약 어머니에게 사랑하는 파트너가 없는 경우라면, 아이 이외의 다른 것에도 관심을 가지고 있는 것이 중요합니다. 아이를 위한 사랑이 어머니 삶의 유일한 사랑은 아니어야 합니다. 요약하면 어머니가 어머니와 아이 사이에 있는 제삼자를 욕망하는 그 순간부터 오이디푸스가 가능해집니다. 거기에 아버지가 있다면, 아버지는 어머니가 욕망하는 제삼자가 됩니다.

"프로이트는 고대의 신화에 과학적인 설명을 가하지 않았다. 그는 새로운 신화를 제시했다. 여기에 그가 만들어 냈던 신화가 있다."

— 비트겐슈타인 Wittgenstein

프로이트는 확실히 새로운 신화를 제안했다. 그 얼마나 풍요로운 신화인지! 오늘날의 정신분석가들이 환자의 이야기를 듣고 그들을 진정시킬 줄 알게 된 것은 바로 이 놀라운 이론적인 도구 덕분이다.

"결국 오이디푸스는 관찰할 수 있는 현실일까요? 아니면 정신분석가들이 연역해낸 환상일까요?"

나는 이미 오이디푸스가 현실이면서 동시에 환상임을 밝혔습니다. 그러나 이 질문을 통해 그 문제를 다르게 접근하려고 합니다. 말하자면 오이디푸스 콤플렉스는 부모와 삼자관계에 있는 아이가 경험한 의식적인 감정들을 반영하는 무의식적인 성격의 모순된 감정들 전체입니다. 결국 오이디푸스는 상호주체적인 현실이 잉태한 내주체적內主體的 콤플렉스입니다. 비록 욕망하는 다른 사람의 지지가 필요할 수는 있어도 — 프로이트를 읽으면서 알게 되었던 — 이 환상이 형성되고 또 지속되려면, 오이디푸스를 한 사람un seul의 무의식적인 환상으로 생각하는 것은 아주 중요합니다. 그와 동시에 오이디푸스의 환상은 하나의 가정이고 부모에 대한 아이의 행동과 분석에서 성인 환자가 이야기하는 어린 시절에 만들어진 심리의 구조물이라는 것도 알고 있어야만 합니다. 사실 오이디푸스는 관찰할 수 있는 현상도, 증명할 수 있는 가설도 아닙니다. 정신분석은 행동 과학이 아닙니다. 그래서 우리는 오이디푸스를 개인의 감정적인 삶과 우리 문화 속에서 부정할 수 없는 영향을 지닌 유효한 이론적 도식으로, 문자 그대로 **환상과 신화**로 받아들일 필요가 있습니다. 다시 말해서 임상적인 관점의 오이디푸스는 존재의 깊숙한 곳에서 작용해서 존재 전체로 스며드는 환상이 됩니다. 문화적 관점의 오이디푸스는 인간의 욕망하는 힘과 그것을 반대해서 금지를 실현하는 가족 인물들을 등장시키는 단순하고 놀라운 상징적 이야기이기 때문에 우리 모두에게 해당되는 신화입니다. 그런데 그것이 신화이든 환상이든 오이디푸스 콤플렉스는 정신분석의 이론적인 구성과 치료의 효용성에서 절대적으로 빼놓을 수 없는 핵심 개념입니다. 오이디푸스 개념이 없다면, 대부분의 분석 개념은 그 역할을 하지 못할 것입니다. 또한 오이디푸스 환상이 없다면, 우리는 심리적 고통의 한없는 복잡성을 명확하게 이해하지 못했을 것이라고 장담합니다. 만약 정신분석가들이 환자의 이야기를 듣고 이해하며 그들을 진정시킬 줄 알게 되었다면, 그것은 바로 이 놀라운 도구 개념 덕분입니다. 여기서 나는 라캉이 1967년 10월 9일 정신분석가 협회에 **제출한** 보고서에서 이미 대체 불가한 오이디푸스의 이론적 가치에 대해 썼던 문장을 인용합니다. "나는 단순히 이것을 깨우쳐주고자 한다. 오이디푸스를 떼어내면, 정신분석은 […] 완벽하게 망상이 된다 […]" 말할 것도 없이 정신분석을 건물에 비유하자면, 오이디푸스는 그 건물의 주춧돌입니다. 그리고 그것은 유아 성본능의 명백한 위기, 무의식의 **환상**, 사회적인 **신화**, 그리고 정신분석의 가장 근본이 되는 개념입니다.

"소포클레스의 비극에서의 주인공은 영웅도 어쩌지 못했던 운명입니다. 오이디푸스 콤플렉스에서 운명은 어떤 위치일까요?"

프로이트는 삶이 우리에게 예정한, 그래서 우리가 알지 못하는 것, 즉 운명에서 결코 벗어나지 못했음을 잊지 맙시다. 오이디푸스의 아버지 라이오스는 아들의 존속살해 행위를 예견했던 신탁을 피하기 위해 모든 것을 꾸몄음에도 불구하고, 결국 아들의 손에 죽음을 맞습니다. 누구도 자신의 운명을 알 수도, 피할 수도 없습니다. 그리고 오이디푸스 콤플렉스는 모든 아이가 피할 수 없는 시련이면서, 그것을 겪은 아이에게 지워지지 않는 흔적을 남깁니다. 그렇다면 어떤 통과의례가 관련될까요? 우리가 오이디푸스라고 부르는 우회할 수 없는 이 의식은 무엇일까요? 그것은 성적인 파트너가 된 환상 속의 부모를 상실하고 애도하는 경험입니다. 그렇습니다. 오이디푸스는 아이가 생애 최초로 부모와 내면적이고 근원적인 분리를 하는 것입니다. 이는 장차 독립된 젊은 시절을 보장하기 위한 강요된 분리이기도 합니다. 여성과 남성의 오이디푸스가 내놓은 과제가 있다면, 그것은 그들이 어쩔 수 없이 부모를 떠나야 한다는 것입니다. 물론 아이는 태어나면서 이미 어머니와 분리되었고, 걸으면서 날개를 달았으며, 유치원에 가면서 가족의 울타리를 벗어났습니다. 그러나 어린 소년과 소녀가 그들의 부모를 다르게 인식하고 또 다르게 사랑하는 것은 오이디푸스가 끝나야 합니다. 그들이 부모를 부드럽게 사랑하고 또 부드럽게 미워하는 법을 배우려면 부모를 향한 욕망을 멈춰야 합니다. 물론 이것은 내가 여러분에게 말하는 이상적인 분리에서 비롯됩니다. 왜냐하면 일상을 살고 있는 우리는 승화된 다정함의 형태로든, 아니면 여전히 해로운 욕망을 유지하는데 따른 불행하고 고통스러운 갈등의 형태로든 언제나 부모를 성적으로 욕망하고 있기 때문입니다.

"소년의 관점에서 '역 오이디푸스'라는 개념을 설명해 주실 수 있을까요?"

역 오이디푸스는 동성의 부모에게 아이가 성적 매력을 느끼는 것입니다. 남성의 오이디푸스와 관련해서 우리는 일반적으로 소년의 어머니에 대한 에로틱한 애착과 아버지에 대한 증오에 찬 경쟁심을 강조합니다. 그런데 남성의 오이디푸스는 어머니와 아들 간의 욕망 관계에서가 아니라 성적인 파트너로 여겨지는 아버지와 아들 간의 욕망 관계를 축으로 하는 일이 자주 일어납니다. 그렇게 아버지가 아들의 머릿속에서 성적인 파트너일 수 있는 것이지요! 그리고 우리는 이것을 '역 오이디푸스

Oedipe inverse라고 부릅니다. 어떻게 그럴 수 있을까요? 답변을 위해서 나는 소년의 오이디푸스를 3막짜리 희곡으로 소개해 봅니다. 우리가 그리스 비극이라고 했던 오이디푸스 콤플렉스를 되살려내는 일은 재미있습니다. 이러한 기법을 통해, 나는 여러분에게 오이디푸스의 역동성의 진수를 다른 방식으로 기억할 수 있도록 하면서, 남성 오이디푸스의 주역은 어머니이기보다는 오히려 아버지라는 나의 생각을 확고하게 했습니다.

이번에는 그 3막극을 함께 봅시다. 먼저 소녀와 소년의 오이디푸스를 따로 구분하지 않는 제 1막이 시작됩니다. 막이 오르고, 무대 위로 모든 인물이 한꺼번에 등장합니다. 거기에는 어린 소년과 소녀도 있고, 어머니, 아버지도 있으며, 세상 사람들도 있습니다. 소년과 소녀의 눈에 비친 사람들은 모두 각각 잘 보이는 신체적 특징이 의미하는 힘의 소유자라는 장면을 상상해 봅니다. 아이, 즉 소년이나 소녀의 머릿속의 모든 사람은 페니스를 가지고 있거나, 아니면 페니스가 의미하는 힘을 부여받았습니다. 프로이트는 남근의 보편적인 소유를 전제하는 이것을 오이디푸스 서막이라고 했지요. 이때 아이는 이 세계가 무지무지하게 엄청난 페니스를 소유한 사람들로 가득 차 있다는 이해할 수 없는 믿음을 맹신합니다. 그러나 이제 나는 '엄청난 페니스'를 '남근^{Phallus}'이라고 고쳐서 표현합니다.

"죄송합니다만, 나는 여전히 페니스와 남근이 어떻게 다른지 이해되질 않습니다. 남근은 무엇일까요?"

남근은 소년과 소녀가 돌출된 페니스를 지각하는 각자의 방식에서 비롯된 페니스에 대한 환상과 주관적인 해석에 붙여진 명칭입니다. 아주 일반적으로 단어 남근은 어린 우리가 볼 때 최고의 감정적 가치를 지녔던 모든 대상에 대한 환상을 가리킵니다. 내가 '어린 우리가 볼 때'라고 한 것은 우리가 어떤 사람이나 대상에 기울이는 열정적인 사랑은 언제나 아이의 사랑이라는 점을 이해했으면 하는 생각에서입니다. 왜냐하면 사랑한다는 것은 어린 시절의 순박함이 세련되어진 것이기 때문이지요. 사랑한다는 것, 그것은 아주 순수하게 ─ 그리고 이 순수함이 우리에게 소중합니다 ─ 언젠가는 우리가 사랑하는 타인이 어떻게 우리를 충족시켜 줄 수 있는 가를 알게 되리라는 것을 믿는 것입니다. 그리하여 사랑이 나를 행복하게 해줄 것이라는 멋진 소망은 나를 다독이고 힘을 줍니다. 마찬가지로, 내가 사랑하고 감탄하며 소유한 모든 대상이 곧 내 존재 자체라는 느낌은 나를 진정시키고 위로합니다. 그리고 이 너무 몰입된, 나의 모든 감정을 담고 있는, 그래서 내게는 없어서는 안 되는 이 대상을 남근이라고 부릅니다. 따라서 단어 남근은 힘의 상징으로 느껴진 환상화된 페니스일 뿐만 아니라, 내 마음 속 깊은 곳에 정착해서 없어서는 안 되는 것이 된, 그래서 나의 힘의 원천이라고 느껴지는 모든 사람과 대상, 그리고 이상을 말합니다. 이렇게 남근은 환상적이기 위해 현실적이기를 그만둘 만큼 너무 많이 몰입되고, 너무 많은 사랑을 받은 모든 사물을 가리킵니다. 어머니, 아버지, 부부, 페니스, 클리토리스 혹은 집이나 직업, 직급까지도 모두 우리의 남근이 될 수 있는 구체적인 소재가 됩니다. 그렇다면 어떤 사물이 오이디푸스 아이에게 남근을 가졌다는 느낌을 줄까요? 그것은 그의 몸, 그 자신의 감각적인 몸이라고 하겠습니다. 실제로 소년에게 남근의 현실적인 토대, 그것은 성욕을 일으키는, 즉 고환이나 생식기에서 나온 흥분이 있는 돌기로서의 작은 성기, 페니스입니다. 그리고 소녀에게 남근의 현실적인 토대는 생식기, 특히 클리토리스에서 온 성욕을 일으키는 감각들 전체입니다.

"만약 내가 제대로 이해했다면, 예를 들어서, 아들이 보기에 어머니는 남근을 가지고 있는 사람이면서 동시에 남근 자체라는 것인가요?"

맞습니다. 자신의 권위를 받아들이게 하는 어머니라면, 그 어머니는 남근을 가진 사람입니다. 그러나 아이가 어머니를 그의 모든 것이라고 느낀다면, 어머니는 아들의 남근이 됩니다. 즉 어머니가 나에게 화를 낼 때, 어머니는 전능한 남근입니다. 그러나 내가 친구와 누구 엄마가 가장 예쁜가를 경쟁할 때의 어머니는 나의 가장 소중한 남근이 됩니다. 이렇게 어머니는 남근을 갖고 있는 사람이면서 동시에 남근 자체라는 이중의 환상화가 가능합니다.

"그렇다면 소년은 자신의 페니스와 어머니라는 두 개의 남근을 가질 수 있나요?"

물론입니다. 그리고 그것이야말로 오이디푸스의 소년이 해결해야 할 문제라고 생각합니다. 두 개의 남근을 가질 수 없기 때문에, 그는 페니스와 어머니 중 하나를 선택하게 됩니다. 그러나 이러한 결정적인 선택은 오이디푸스 극의 2막에서 이루어지므로 뒤에서 이야기하겠습니다. 우리는 아직 1막에 있고, 나는 여전히 남녀노소 구분 없이 모든 인간은 남근의 속성을 가지고 있다는 아이의 믿음에 대해 말하고 있습니다. 아이는 — 소년이든 소녀든 — 성욕이 일어나는 감각들을 느끼고 자기 성기를 관찰하며 수음하고 전능을 체험하며 침묵하는 가운데 전능과 유사한 감각을 제공하는 주변에 있는 사람들을 바라봅니다. 그리고 이러한 자기 자신과 타인에 대한 지각을 통해서, 알게 모르게 남근의 보편성에 대한 이해할 수 없는 믿음이 다듬어집니다. 보는 것, 느끼는 것, 그리고 믿는 것, 이 무언의 세 행동은 오이디푸스 아이가 처음으로 하는 것입니다. 간단히 말해서, 소년과 소녀의 오이디푸스는 남근에서, 즉 아이의 신체적인 표상인 페니스를 보편적 속성의 항목으로 올려놓는 망상에서 개막

됩니다. 이것이 모든 사람은 강하다는 우리 연극의 1막입니다. 없어서는 안 되지만 분석 문헌에서 종종 간과되고 있는 1막은 거세불안의 개념에 접근하기 위해서 반드시 거쳐야 하는 단계입니다. 왜냐구요? 박탈의 두려움이 나타나려면, 우선 모든 사람들은 강하고 많은 것을 가지고 있다고 믿어야만하기 때문이지요.

이제 남성 오이디푸스의 2막으로 넘어갑니다. 여기서부터 소녀의 오이디푸스는 소년과는 다른 각본을 갖게 됩니다. 우리는 소년 오이디푸스의 주인공을 어머니가 아니라 아버지라고 전제했습니다. 왜 그런지 증명하도록 하겠습니다. 여전히 보편적 속성으로서의 남근이라는 망상의 지배를 받고 있는 소년에게는 아주 중요한 두 개의 감정적 관계가 있습니다. 성적인 대상인 어머니와 맺고 있는 욕망의 관계와, 모방하고 싶은 모델인 아버지와 맺고 있는 사랑의 관계가 그것입니다. 아버지는 어린 소년이 닮고 싶은 이상적인 모델입니다. 한 마디로 소년에게 성적인 대상이 되는 어머니와의 관계가 욕망의 촉진제라면, 이상적인 대상이 되는 아버지와의 관계는 사랑의 감정 위에 놓입

오이디푸스에 관한 질문과 답변 *Questions et réponses sur l'Œdipe*

니다. 프로이트는 이 두 개의 움직임, 즉 어머니를 향한 욕망과 아버지를 향한 사랑의 움직임은 "서로 다가가서 접촉하는 것으로 끝나는 이것은, 정상적인 오이디푸스 콤플렉스가 가져온 감정들의 만남에서 비롯된다"고 말합니다. 나 역시 소년의 정상적인 오이디푸스는 어머니를 욕망하고 아버지를 닮아가는 것이라고 합니다.

이제부터 3막입니다. 갑자기 어린 소년은 어머니를 향해 가는 길을 막아서는 압도적인 경쟁자의 가담이 거북해지게 됩니다. 아이가 자신보다 더 강한 경쟁자로 인해 위협감을 느낀 것이지요. 따라서 위협에 따른 불안은 — 거세불안 — 결국 어린 소년에게 어머니를 소유하고 아버지를 제거하는 욕망을 포기하게 만듭니다. 대단한 반전입니다! 예기치 못한 상황의 반전이 일어난 것입니다. 거세의 위협을 받고 선택할 대상이 없어진 소년은 갑자기 아버지로 돌아서서 혼자 말합니다. "파트너를 바꾸면 되겠다! 아버지를 택하는 거야! 한 여자를 소유하겠다는 내 욕망을 충족시키는 대신, 강하고 남성적인 남자가 나를 갖는다면 그것은 같은 만족이지 않을까?" 무슨 일이 생긴 것일까요? 모든 것이 뒤바뀌었습니다. 그의 감탄을 자아냈던 이상적인 모델이면서 두려움을 일으켰던 경쟁자 아버지가 이제 소년에게 욕망을 자극하는 존재가 된 것입니다. 전에 아버지는 그렇게 되고 싶어 했던 이상적인 존재였다면, 이제 아버지는 자신을 다 주고서라도 갖고 싶은 존재가 되었습니다. 사실 어린 소년의 이 같은 반응, 즉 너무 엄격한 아버지의 거세위협에 대해 여성의 위치로 물러서서 아버지의 욕망의 대상인 복종적인 여자의 입장에 서는 반응은 아주 흔한 일입니다. 이것이 내가 생각하는 역 오이디푸스입니다. 흔히 사용되는 표현임에도 불구하고 제대로 이해되지 못했던 것이지요. 남성 신경증의 기원을 이해하는데 아주 중요한 역 오이디푸스는 어린 소년의 아버지에 대한 극단적인 감정의 방향전환으로 이루어집니다. 이제 아이가 볼 때, 아버지는 감탄과 미움, 두려움의 대상에서 전심전력을 다하고 싶은 성적인 파트너가 될 가능성이 있는 존재가 되었습니다. 어머니를 소유한다는 욕망은 아버지의 소유가 되는 욕망으로 뒤바뀌었고, 아버지를 떨어뜨려 놓겠다는 욕망은 자신을 향해 아버지를 끌어당기는 욕망으로 바뀌었습니다. 고전적인 남성 오이디푸스의 입장에 반전이 일어난 것입니다. 어린 소년에게 아버지는 네 개의 다른 모습으로 나타납니다. 즉 그는 아버지를 이상적인 모델로서 사랑하고, 경쟁자로서 미워하고 또 두려워합니다. 또한 자기를 내어주고 싶은 성적인 파트너로서 욕망합니다. 이렇게 아버지에 대한 사랑과 미움, 두려움과 욕망의 네 가지 움직임 중에서 나는 젊은 남성의 성정체성 형성에서의 중요성 때문에 특히 욕망을 강조합니다. 그러나 주의하십시오. 소년이 아버지를 욕망해서 꼭 신경증이나 동성애가 되는 것은 아닙니다. 물론 어른이 되면, 그러한 신경증적인 어려움은 겪지 않는다 해도, 그에게 묘한 부드러움과 섬세한 감각이 새겨질 것입니다. 요컨대, 내 주장의 요점은 몰려드는 환상으로 굳어진 역 오이디푸스가 남성 신경증의 가장 흔한 원인이 된다는 것입니다. 그래서 신경증은 언제나 동성의 부모와의 갈등 관계가 문제입니다.

마지막으로 소년의 오이디푸스에서 파생된 명제를 살펴봅니다. 이상적인 모델이어서 사랑받고 있고, 경쟁자이어서 미움과 두려움의 대상이며, 성적인 대상으로 욕망되는 이 같은 아버지의 특징은 십대 청소년의 정상적인 초자아를 결정합니다. 실제로 초자아는 자아 안에서 이 네 가지 아버지의 모습들이 합체된 결과로, 이런 내투 덕분에 아이는 실재의 아버지와 분리되기 시작합니다. 왜냐하면 그것으로 인해 아이는 아버지를 다르게 느끼기 때문입니다. 그래서 아버지를 대하는 소년의 내적 태도에는 몇 가지 변화가 생깁니다. 그가 떨어져나오는 아버지는 실재의 아버지입니다. 그리고 그가 간직하는 아버지는 그의 자아 안에서 가혹하고 무섭게 잘못을 꾸짖지만, 욕망의 성취를 자극하고, 이상idéal에 도달하도록 격려함으로써 사회생활에 필요한 부끄러움을 느끼게 하는 초자아 형태의 아버지입니다.

"그러면 당신이 상연한 연극에서 거세 콤플렉스는 어디에 위치할까요?"

거세 콤플렉스는 정확하게 3막에 위치합니다. 거세는 언제나 주체를 짓누르는 위협을 가함으로써 불안을 느끼게 합니다. 역오이디푸스를 열외로 놓고, 소년이 어머니를 근친상간적으로 욕망한다는 고전적인 오이디푸스만을 이야기할 때, 우리는 세 개의 원인에서 생기는 거세불안을 확인할 수 있습니다. 먼저, 아주 간단하게 현실 속의 인물인 아버지가 만들어낸 불안입니다. 그 다음, 아버지의 음성이 소년에게 준엄하게 명령하는 강압적인 아버지의 목소리입니다. 물론 "너는 그래서는 안 된다. 너는 네 욕망을 고집할 권리가 없어! 그래도 계속 고집부리면 내가 막을 것이다!"라고 어머니나 이모도 협박할 수 있습니다. 그러나 중요한 것은 그것이 변함없이 아버지의 권위가 새겨진 사회의 법을 대변하고 있다는 점입니다. 누가 금지를 말하는가는 중요하지 않습니다. 중요한 것은 말할 것도 없이 법의 부성적인 성격입니다. 너무도 분명하게 법은 부성적입니다. 사실, 근친상간의 금지법도 그렇고 모름지기 모든 법은 타협하지 못하기 때문에 부성의 권위로 봉인된 특징을 갖습니다. 따라서 금지를 상기시키는 목소리가 여성이든, 남성이든 상관없습니다. 중요한 것은 그것을 말하는 어조의 의연함에 있습니다. 위협은 판단하고 참망하며 벌줄 줄도 아는 단호하고도 차분한 권위로써 공표되어야 합니다. "너는 어머니와 자서도, 어머니를 성적 대상으로 삼아서도 안 된다. 그렇지 않으면 벌을 받게 될 것이다." 어떤 벌을 받게 된다는 것일까요? "그 벌은 너의 페니스, 교만하게 전능을 부추기는 페니스를 거세하는 것이다." 따라서 세 번째 불안의 원인은 검열관의 목소리로 공표된 언어적 협박에다가 시각적 경험을 통해 들어온 암시적인 협박으로 이루어집니다. 어느 날 소년은 ― 아직 우리는 남성 오이디푸스를 다루고 있기 때문에 ― 어머니나 어린 소녀의 벗은 몸에서 부재의 어두운 그림자를 발견합니다. 페니스가 없는 치골 부분을 관찰하면서 소년은 두려움과 불안이 엄습해 옴을 느낍니다. 이런 생각을 하기 때문이지요. '페니스가 없다니, 그렇다면 힘도 없다는 건데… 페니스가 없는 사람이 있다면, 나 역시도 없어질 위험이 있다는 거 아닌가!' 라는.

위압적인 아버지라는 인물의 현존에 짓눌리고, 벌을 말하는 법에 위협을 당하며, 거세된 사람들이 존재한다는 시각적 확인에 놀라서 불안해진 어린 소년은 자기 욕망과 근친상간의 환상들을 억압하고 쾌락을 절제합니다. 불안해진 어린 소년은 종종 아버지 앞에서 복종이라는 비겁한 여성적인 입장으로 도망쳐서 ― 이것이 역 오이디푸스입니다 ―, 자신의 남성다움[virilité]을 잃게 된다는 위험이 일깨운 새로운 거세불안을 경험하게 됩니다. 남성의 오이디푸스에서 근친상간의 대상은 어머니이고, 거세위협의 목표물은 페니스의 남근$^{Phallus-penis}$입니다. 그러나 역 오이디푸스에서 근친상간의 대상은 아버지이며 거세위협의 목표물은 남성다움의 남근$^{Phallus-virilité}$입니다.

"불안이 아이를 포기하게 만들고 부모와 분리시키는지요?"

물론입니다. 어머니의 경우를 다시 생각해 보기로 합니다. 소년은 두려움 때문에 어머니에게서 떨어집니다. 그래서 나는 이러한 그의 불안을 건강한 불안이라고 합니다. 그 덕분에 아이는 삶의 순리에 따라 반드시 멀어져야만 하는 존재, 지금까지 가장 가까웠던 존재와 자신을 분리하게 됩니다. 리비도 발달사 최초로 아이는 선택의 기로에 놓입니다. "어머니에 대한 욕망을 멈추든지 네 힘을 잃든지 하라!"는 이것은 중요한 선택이지요. "나는 근친상간의 대상을 택하거나 나르시스적으로 나를 보호하는 것을 택해야만 한다. 어머니를 가질 것인가, 페니스를 가질 것인가? 꼭 선택해야 한다면 나는 페니스를 갖는다!"

이 엄숙한 양자택일은 어른의 삶에서 자주 마주치는 불가피한 선택을 연상시킵니다. 욕망의 성취를 원하기 무섭게 우리는 불안의 출현을 확인합니다. '내가 그것을 할 수 있을까? 모든 것을 다 잃는 것은 아닐까?' 결단을 내리고 행동하는 그 순간 불안이 엄습합니다. 그런데, 내가 설명했던 것처럼 오이디푸스의 경험에 따르면, 우리는 언제나 자기중심적인 선택을 합니다. 우리의 선택이 우리 자신과 우리 신체를 보호하는 쪽으로 기울어 있는 것을 보면, 인간은 근본적으로 소심하고 자기중심적인 존재임에 틀림없습니다. 위험 앞에서 인간이 자기 몸을 지킨다는 생각에서 욕망의 대상을 놓아버리기 때문입니다. 여기서 나는 욕망의 표명에 내재한 위험 앞에서 떨고 있는 인간을 안심시켜 줄 수 있는 분석의 초자아로 여겨지는 음성을 듣게 됩니다. "두려워하지 말아라. 너의 욕망이 너를 인도하도록 해라. 너의 길, 너의 운명이 기다리고 있는 길을 가거라!"

그러나 주목할 만한 다른 현상, 다른 상실이 있게 되는데, 그것은 어머니를 잃는 것보다 훨씬 중요합니다. 물론 소년은 어머니를 잃은 대신 페니스를 간직합니다. 그러나 욕망의 대상, 즉 어머니가 없다든 페니스의 남근적인 가치도 함께 잃는다는 것을 깨닫게 됩니다. "나를 욕망하는 타자가 없는데 강하다고 느끼는 것이 무슨 소용일까?" 페니스가 유용한 것은 분명하지만, 그것은 욕망할만하고 욕망하는 타자가 존재한다는 조건에서입니다. 소년은 어머니와 함께 페니스의 남근적인 가치도 잃게 된 것입니다. 결국 이러한 가치 상실은 의심할 것도 없는 근본적 경험인 어머니를 잃는 것보다 천배나 더 중요합니다. 그러나 그래도 괜찮은 것은 오이디푸스 드라마가 우리에게 주는 훌륭한 교훈 때문입니다. 오이디푸스는 우리가 애써 얻어낸 것들은 결국 그에 상응하는 대가를 치렀다는 점을 가르쳐주고 있습니다. 오이디푸스 신화는 아주 특별한 윤리적 효과로 되어 있습니다. 사람들은 내게 이런 말들을 해옵니다. "오이디푸스… 거세 콤플렉스…백 년 전에 비해 상황은 달라졌으며…문화도 성본능도 더 이상 같지 않다면…이제 사람들은 오이디푸스 없이 잘 지낼 수 있지 않을까요?" 등등. 나도 오이디푸스 전설 없이 잘 지내기를 바랍니다. 그러나 우리 어른들이 살면서 끊임없이 건너야 하는 필수적인 시련들의 깊은 의미를 잘 이해시킬 수 있는 다른 것을 만들어내야만 합니다. 그리고 가장 중요한 시련은 나는 아무것도 잃지 않겠다는 것과 내가 잃지 않고는 아무것도 얻을 수 없다는 것 중에서 하나를 택하는 어려움을 견뎌내는 일이 되겠지요.

"소년이 주인공이었던 이 연극을 소녀가 주인공이 되면 어떻게 될까요?"

여성의 거세 시나리오는 아주 다릅니다. 그러나 1막은 소년처럼 누구나 남근을 가지고 있다는 보편적 남근의 소유와 그래서 사람은 누구나 강하다는 전제가 지배하고 있음을 기억하도록 합니다. 다른 점이 있다면, 소녀는 남성 오이디푸스에는 없는 오이디푸스 이전 이야기와 이후 이야기가 있다는 것입니다. 여성의 오이디푸스 이전 이야기에서 어머니와 딸은 아주 가까운 관계로 묶여있습니다. 남근기가 오기 전, 모유를 수유하는 동안 어머니는 딸에게 욕망의 대상, 특히 딸의 새로운 나르시시즘의 원천이기도 하고 딸의 힘을 북돋는 대상이 됩니다. 한마디로 소녀에게 어머니는 남근의 자리에 있습니다. 여성의 오이디푸스가 여명기에 있을 때, 어린 소녀의 욕망의 대상은 소년처럼 처음에는 젖이지만 이유와 함께 곧 어머니라는 사람이며, 이때 가장 유력한 성감대는 입이 됩니다. 구강기에서 어머니의 젖은 가장 민감한 남근을 의미합니다. 여성의 오이디푸스는 추가적인 다른 중요한 요인들로 완성됩니다. 이유와 함께, 어린 소녀는 빨기의 즐거움을 빼앗아 간 어머니를 원망하는 쓰라린 경험을 합니다. 젖의 상실로 인해 젖먹이 딸은 남근기에서 나타날 어머니에 대한 적의를 갖게 되지요. 프로이트에 따르면, 소년은 소녀에 비해 이유에 따른 아픔을 훨씬 약하게 경험한다고 합니다. 나중에 어린 소녀의 남근은 근친상간의 대상으로서의 어머니가 아닌 아버지에게 귀속될 힘으로 나타날 것입니다. 여성의 오이디푸스는 이미 어머니와의 분리 경험을 해봤던 소녀가 아버지를 욕망하다가 포기하고, 아버지란 인물의 특징들과 가치를 내투하다가, 젊은 여성이 되면 남성의 파트너가 아버지를 대신하는 순간에서 절정에 이릅니다.

"왜 이유기의 딸이 어머니를 미워합니까? 여자에게 거세 콤플렉스는 무엇입니까?"

여성의 거세 콤플렉스 개념을 둘러싼 많은 오해들이 있습니다. 이미 페니스가 없는 몸이라서, 거세에 민감한 기관이 없어서, 여자에게는 거세가 없다고 한다면 잘못된 생각입니다. 프로이트에 따르면, 여성에게도 완벽하게 거세 콤플렉스가 존재합니다. 그러나 나는 여성 오이디푸스 논리를 정리하면서, 거세 콤플렉스보다는 **박탈 콤플렉스**complexe de privation가 더 정확한 표현이라고 생각했습니다. 이 콤플렉스의 시작은 시각적인 인상에 있습니다. 소녀는 소년의 벗은 몸을 보고 자신과 비교합니다. 그리고 소녀는 자신은 페니스와 함께, 페니스가 의미하는 힘, 즉 남근도 없음을 깨닫습니다. 이렇게 페니스의 부재는 소녀에게 거세의 전제가 되는 망상, 즉 모든 사람이 가지고 있다는 보편적 속성으로서의 남근을 잃게 하고, 그래서 그것을 가지고 싶어 하게 합니다. 페니스를 소유했다는 자체보다 중요한 것은 페니스가 상기시킨 힘에 대한 망상입니다. 힘에 대한 갈증을 나는 페니스에 대한 부러움이 아니라 남근에 대한 부러움이라고 합니다. 그리고 남근에 대한 여성의 부러움의 개념을 소개하는 것은 임상적으로도 가치 있는 일이라고 생각합니다. 왜냐하면 여성 히스테리의 임상에서 제기되는 것은 힘의 문제와 지배당하는데 대한 신경증적 두려움이기 때문입니다. 박탈되었다는 사실과 함께 어린 소녀에게는 일련의 감정들이 떠오릅니다. 환멸에 이어 망상적인 힘에 대한 향수, 그리고 나면 그에게 뭔가를 해주지 않았던, 즉 고전적인 구절로 하면 '그에게 페니스를 주지 않았던' 어머니에 대한 원망이 떠오릅니다. 그러나 나는 주지 않은 데 대한 원망이기보다 그 사실에 대비할 수 있게 해주지 못한 어머니, 또한 망상의 상실을 알게 되는 순간을 피할 수 있게 해주지 못한 어머니에 대한 원망이라고 말하고 싶습니다. "엄마는 내가 실망할 것을 미리 알고 있으면서도 왜 한 마디도 안하셨나요?" 이것이 소녀가 어머니를 향해 말하는 어머니에 대한 원망, 전 오이디푸스기에서 이유가 만들어 낸 최초의 오래 된 미움이 원망으로 되살아나는 대목입니다.

"그러니까 어린 소녀의 지배적인 감정은 불안이 아니지요?"

그렇습니다. 소녀에게는 불안이 없습니다. 남성 오이디푸스의 중요한 감정들이 욕망과 불안이라면, 여성 오이디푸스의 경우는 욕망과 고통, 곧 부러움이기 때문입니다. 그럼에도 불구하고 우리는 성인 여성의 전형적인 불안을 확인할 수 있는데, 그것은 프로이트가 그의 저술 마지막에 간파해낸 아주 특별하고 유일한 불안입니다. 그러나 우리는 여성과의 분석 작업에서 불안을 잊을 때가 많습니다. 왜냐하면 우리는 소녀에게 영향을 미치는 것은 부러움이나 미움이라고 생각하면서, 불안을 소년만의 특별한 특징으로 여기는 경향 때문입니다. 그러나 우리는 임상에서의 관찰을 통해, 여성은 사랑하는 사람이 약속한 그 사랑을 잃게 될까봐 불안해한다는 사실을 알게 되었습니다. 여성의 불안은 사랑을 찾지 못해서가 아닙니다. 그것은 사랑을 잃을까봐서입니다. 여자에게 남근은 사랑 그 자체로, 절대로 잃어버릴 수 없는 더없이 소중한 것입니다.

4

오이디푸스, 평범한 신경증과 병적인 신경증의 원인

L'Œdipe est la cause
des névroses
ordinaires et morbides
de l'homme et de la femme

오이디푸스, 평범한 신경증과 병적인 신경증의 원인
L'Œdipe est la cause des névroses ordinaires et morbides de l'homme et de la femme

평범한 신경증은 잘못 억압된 오이디푸스, 병적인 신경증은 외상적 오이디푸스의 결과이다

새로 태어나는 모든 아기는 오이디푸스 콤플렉스의 끝까지 가야만 한다.
거기에 이르지 못한다면, 신경증이 될 수밖에 없다.

모든 증상의 뿌리에서, 우리는 유년의 성생활에서 비롯된
외상의 흔적들을 발견한다.

—프로이트

그렇다면 신경증은 무엇일까? 신경증, 그것은 우리가 사랑하고
의존하는 사람을 향한 사랑과 미움, 근친상간의 욕망과 두려움

이라는 모순된 감정의 공존이 일으킨 심리적 고통이다. 이 정의에 따른다면, 오이디푸스는 성인 신경증의 기원이면서 그 자체가 신경증, 개인의 삶에서 처음 나타난 가장 건강에 가까운 신경증이라고 할 수 있다. 그 후 청소년의 위기에서 두 번째 신경증이 나타난다. 왜 우리는 오이디푸스를 신경증이라고 할까? 그것은 모두 형성 중에 있는 어린 아이의 자아의 상태와 욕동의 과유입이라는 둘 사이의 격차 때문이다. 아이의 자아는 거침없이 상승하는 욕망을 저지하기에는 아직 연약하다. 욕망의 동요를 소화해서 자기 것으로 만들려는 자아의 노력이 어린 아이에게 부모를 향한 모순된 감정과 말, 행동으로 나타난다. 이러한 아이의 부조리하고 양가감정적인 태도는 타인을 소유하는 욕망이나 타인에 의해 소유되는 욕망, 혹은 타인을 파괴하는 욕망을 자극하는 것이 있을 때, 성인이 된 그가 적용하게 될 모든 태도의 양식이 되어서 주체의 성격에 지속적으로 자리 잡게 될 것이다. 이런 이유에서 주변 사람들과의 평범하고 불가피한 갈등을 우리는 유아신경증, 곧 거의 반사에 가까운 오이디푸스 콤플렉스의 자연스러운 연장일 뿐이라고 말한다. 이 말은 우리의 일상적인 갈등이 우리가 사랑하는 사람들에 대한 가장 귀하고 정결한 감정들 안에 근친상간의 성적인 욕망이 작용하고 있다는 사실에서 온다는 의미이다. 현재 우리가 가지고 있는 신경증적인 긴장은 근친상간의 충동을 온전하게 실현할 수도, 반대로 완벽하게 피할 수도 없는 그 불가능성에 있다. 따라서 인생 최초의 정상적인 신경증, 오이디푸스는 우리의 고통스럽지만 견딜만한 평범한 신경증névrose ordinaire의 시원인데다가, 그것은 또한 우리들 각자에게 파멸할 위험이 있는 욕동의 광기를 막아주기도 한다.

상황이 이렇다 보니까, 오이디푸스기의 아이는 너무 강한 쾌락이나 고통의 감각으로 인해 당황하고, 이 감각은 지울 수 없는 외상이 되어 영원히 흔적으로 남는 일이 허다하다. 그리고 이 유아기의 외상은 평범한 신경증névrose ordinaire이 아니라, 청소년기에 자리 잡기 시작해서 성인까지 지속되는 병적인 신경증névrose morbide의 원인이 된다. 지금 나는 성인기에 되돌아온 오이디푸스 신경증의 두 가지 변이형, 즉 평범한 신경증과 병적인 신경증을 구분하고 있다. 평범한 신경증은 마음 속 깊이 사랑하는 사람들과의 갈등으로, 이는 우리가 계속해서 그들을 간절히 욕망하기 때문에 생긴다. 개방적이고 창의적인 사회생활과 완벽하게 양립 가능한 이 신경증은 오이디푸스 부모에 대한 성적 의미를 충분하게 없애지 못한 결과이다. 잘못 억압된 불안과 쾌락에 대한 유아적인 환상들은 그것의 해로운 성격을 고스란히 간직하면서 모든 사람에게 불안을 주는 일상의 신경증을 만들어 냈다.

다른 유형의 신경증적인 고통은 주체를 나르시스적이고 병적인 고독 속에 가두는 반복적인 증상들로 나타나는 **병적이고 병리학적인 신경증**이다. 공포증이나 강박증, 혹은 히스테리적인 고통은 오이디푸스 환상들에 대한 불충분한 억압보다는 좀 더 심각한 요인이 만들어낸다. 그것은 오이디푸스의 절정기에 발생한 독특한 외상에 관련된다. 일단 그것은 아이에게 실제로든 상상으로든 아이를 놀라게 한 큰 어려움으로 유기遺棄, abandon에 대한 외상이다. 유기환상이 어른이 되면 공포가 된다. 또한 아이에게 실제로든 상상으로든 학대에 의한 굴욕의 고통이 만든 외상도 있을 수 있다. 그리고 이 학대에 의한 굴욕환상은 강박이 된다. 가장 놀라운 마지막 외상은 아이가 의존하고 있는 어른과의 지나친 감각적인 접촉이 가져온 숨 막힐 듯 강렬한 쾌락의 경험에서 온다. 이 유혹환상이 히스테리가 된다. 버려지는데 대한 조바심, 학대에 의한 굴욕감, 혹은 유혹으로 인한 숨 막힘 등이 관련될 때, 우리는 거세의 두려움에 인접한 가장 병적인 형태의 거세불안을 갖는다. 이제 공포와 강박, 히스테리는 어른에게 되돌아온 외상적인 오이디푸스의 다른 형태가 되겠다. 그리고 세 범주의 신경증은 완벽하게 단독으로 나타나기보다는, 공포나 강박, 히스테리 중 우세한 하나에 다른 것이 혼합되는 방식으로 겹쳐져서 신경증이 된다. 그런데 오이디푸스의 외상들은 때로 아이가 직접 겪은 게 아니라, 조상이 겪었던 외상적인 쇼크가 가져온 불안이 무의식적으로 아이에게 전해진 것이 있다는 점도 강조해둔다. 예를 들면, 만성적인 광장공포로 고통을 받는 여자가 어린 시절 단 한 번도 버려졌던 경험이 없었다고 한다. 그런데 분석이 진행되면서 그녀의 어머니가 어린 시절에 전쟁으로 인해 갑작스럽게 버려졌던 적이 있음을 알게 되었다. 이것은 공포를 야기한 유기환상이 세대를 건너 전달된 경우이다.

남자와 여자의 병리학적 신경증은 어린 시절 경험했던 외상적인 거세불안이 성인기에 귀환한 것이라고 할 수 있다. 거세불안의 귀환 양식에 따라 신경증적인 고통의 특징이 나타날 것이다 (153쪽의 〈표 4〉 참고). 따라서 임상에서 만난 우리 환자가 공포증이라면, 우리는 그가 어린 시절에 실제로든 상상으로든 급작스런 유기 때문에 불안했을 만한 사건을 찾아내기 위한 질문을 해야만 한다. 만약 환자가 **히스테리**라면, 우리는 다른 외상의 기억을 찾아야만 할 것이다. 그리고 분석주체analysant는 더 이상 유기가 아닌 훨씬 미묘하고 은밀한 다른 폭력 때문에 놀랐던 적이 있었는지를 기억해낸다. 그는 아버지나 어머니, 오빠, 친지와 같은 성인 유혹자에 의해 마음이 끌렸고 흥분된 경험을 기억하게 된다. 히스테리의 기원이 되는 외상에 관해서는 181-184쪽, 특히 〈표 6〉을 참고하기 바란다. 마지막으로 **강박증** 환자의 이야기를 듣고 있다면, 우리가 찾아내야 하는 기억은, 자신도 모르는 잘못을 벌하는 아버지에게 겁먹은 힘없는 아이가 갖는 장면에 대한 것이다. 이렇게 공포증과 히스테리, 혹은 강박증에 관련된 신경증의 고통은 외상적인 불안충격을 갖게 된 것과 같은 상황을 강박적으로 반복하는 필요성으로 설명된다. 즉 신경증은 유아의 거세불안의 환상이 강박적으로 되돌아오기 때문이라고 할 수 있다.

따라서 남성 신경증의 경우, 공포증은 금지하는 아버지에 의한 유기불안 환상이 성인기에 되돌아온 것이고, 히스테리는 유혹하는 아버지의 학대로 인한 불안환상이 되돌아온 것이며, 강박증은 경쟁적인 아버지에 의해 학대받고 모욕당한 불안환상이 되돌아온 것이다〈표 4〉. 우리는 세 가지 남성 신경증의 기원을 통해 외상적 환상의 중심인물이 아버지라는 사실을 알았다. 사실 남성과 뒤에서 살펴볼 여성의 신경증은 동성의 부모를 중심인물로 하는 어떤 장면에 고착된 결과이다. 오이디푸스가 잘 해결되지 못했든지 외상적으로 해결되었든지 유아의 갈등, 즉 신경증의 원인은 가장 흔하게 아들과 아버지, 혹은 딸과 어머니 사이에 얽혀있다. 그런데 아프게 만드는 것은 다른 타자와의 응축된 경험이 있어서도, 닮은 타자와의 그 같은 경험이 있어서도 아니다. 그것은 타자인 '자기 자신'과의 경험 때문이다. 성인의 신경증은 언제나 한 사람의 병리학, 나르시시즘의 병이다. 나에게 의뢰되었던 청소년 환자는 이렇게 말한다. "나는 아버지에 대한 사랑과 그를 닮고 싶은 부러움, 그를 기쁘게 해주려는 욕망 사이에서 초라해지는 두려움과 내가 아버지에 대해 품고 있는 미움, 그리고 그의 권위에 대한 반항으로 괴롭다." 이것이 자신과 아주 가까운 아버지의 인상에 매혹 당하지만 공포에 빠져 괴로운 신경증 환자인 아들의 외침이다.

오이디푸스, 평범한 신경증과 병적인 신경증의 원인
L'Œdipe est la cause des névroses ordinaires et morbides de l'homme et de la femme

∴

여성 신경증의 형태로 재발되는 오이디푸스:
성적 혐오와 남성성에 대한 콤플렉스, 그리고 유기불안

이번에는 여성 신경증 환자의 사례를 보자. 오이디푸스 위기를 극복한 어린 소녀는 신경증의 그늘에서 — 지나간 고통의 후유증과 시샘하며 갖고 싶어 하는 — 벗어나 평화롭게 된다고 할 수 있을까? 물론, 아니다. 일반적으로 여자의 일생은 지속되는 과거 오이디푸스의 갈등으로 위험한 상태이다. 여자의 삶 속에 남아있는 유년기의 열정들 중에서 가장 방해가 되는 것은 말할 것도 없이 남근을 시샘하고 부러워하는 것이라는 말을 했다. 성인이 되었을 때, 이와 같이 너무 흥분한 상태로 경험되었던 유년 시절의 부러움은 걷잡을 수 없이 다시 떠올라서 히스테리적인 성적 혐오감이라든지, '남성성에 대한 콤플렉스'라는 성격 장애의 태도를 보일 수 있다. 히스테리의 경우, 여자는 어린 소녀였을 때와 마찬가지로 자신은 관심이나 사랑을 받을만하지 못해서, 아픔과 슬픔의 운명을 감내해야한다고 믿고 있다. 따라서 분하고 원통한 이 여자에게는 커다란 고독으로 배가된 성본능에 대한 혐오가 자리 잡는다. 반대로 남성성에 대한 콤플렉스에는 거세되고 열등한 여자라는 믿음 대신, 남근을 가지고 있다는 전혀 사실이 아닌 믿음이 있다. 이 경우 여자는 거세되지 않는 전능의 믿음을 가지고 남근을 휘두르며 도발적인 태도로 그것을 알리고, 남자보다 더 남성적으로 처신하는 등, 남성적인 특성을 강조한다. 그리고 그 다양한 남성성에 대한 콤플렉스 중의 하나가 동성애의 형태로 나타난다. 여성의 비대해진 남성성은 치료 작업에서 가장 고질적인 저항 중의 하나로 분석 치료를 실패로 이끄는 장벽이 될 수 있다. 남자에 대한 미움에서 비롯된 경쟁심은 분석주체에게 정신분석가에 대한 허위적이고 자의적인 남성적인 권위에 대항하는 저항으로 변형될 수 있다.

오이디푸스, 평범한 신경증과 병적인 신경증의 원인
L'Œdipe est la cause des névroses ordinaires et morbides de l'homme et de la femme

이제 나는 여성 신경증에 대한 오이디푸스의 또 다른 변형, 즉 정상에 가까운 변형을 추가한다. 그것은 쿨안, 즉 여성 고유의 불안과 관련이 있다. 지금까지 나는 남성의 입장을 특징짓는 것으로는 불안을, 여성의 입장을 특징짓는 것으로는 박탈의 고통을 말했다. 그러나 지금은 거세불안의 한 형태로서, 전형적인 여성의 불안에 대해 말하고자 한다. 그 불안은 사랑하는 남자에게 버림받는 것에 대한 두려움이다. 여성의 무의식에는 사랑받고 싶고, 보호받고 싶은 욕망이 너무 강하게 자리 잡고 있어서, 사랑으로 맺어진 커플의 여자는 항상 커플 남자의 사랑을 빼앗길까봐 두려워한다. 아주 작은 갈등에서도 그녀는 그 남자가 자신을 버리는 게 아닌가라는 의심을 한다. 어린 소녀로 말하자면 이미 어머니에게 속았던 적이 있어서, 어른이 된 지금도 남자들을 믿지 못한다. 이런 그녀의 모습은 사랑이나 사랑하는 기쁨, 사랑받고 보호받는다는 느낌이 주는 기쁨과 같은 것을 넘어서 그녀가 집착하고 있는 물건을 잃어버릴까봐 전전긍긍하는 것으로 보인다. 남자의 남근은 힘이지만, 여자의 남근은 사랑하고 또 그녀가 사랑하는 사람의 사랑을 받는 행복이다. 남자의 남근은 힘이지만, 여자의 남근은 사랑이다. 이렇게 남자는 자신의 생식능력을 보호해야하기 때문에 불안하고, 여자는 버려질 수 있다는 강박적인 생각 때문에 두렵고 불안하다. 이렇게 불안한 여자에게 사랑은 끊임없이 되찾아야 하며 언제나 확인해야 하는 깨지기 쉬운 기득권^{acquis}이다(155쪽의 〈표 5〉와 194쪽의 〈표 8〉 참고).

지금 나는 신경증 남자와 여자의 결합이 어떤 모습일지를 상상한다. 남성의 입장에서는 여자가 그의 성기를 훔쳐갈까 두렵지만(거세불안), 여성의 입장에서는 남자가 그녀를 버릴까 두렵다(유기불안). 결국 이 남자/여자 커플은 오이디푸스적인 불안의 부활로 끝나고 말까? 남자는 자신의 생식능력을 잃게 될까 걱정스럽고 여자는 사랑을 잃게 될까 불안할까? 꼭 그렇지 않다. 각자는 자신의 존재로써 타자의 불안이 근거 없는 것임을 증명해준다. 부부로서의 약속을 성실하게 지키는 남자는 그의 말과 행동의 진실함으로 아내를 안심시킨다. 그리고 여자도 마찬가지로 부부로서의 약속을 성실하게 지킴으로써 어려운 시련들을 잘 이겨내고 그녀 곁에서 자신의 생식능력을 확인하려고 하는 남편에게 안정감을 준다. 이렇게 남자와 여자의 관계는 서로 얽혀있을 수 있다. 특히 우리는 이상적인 부부와 실패와 파경에 이르는 부브 사이에는 여러 가지 미묘한 차이들이 있을 수 있다는 것을 경험을 통해 알고 있다.

지금 나는 남근에 대한 무의식적 갈망 때문에 거식증으로 몸을 힘들게 하면서 고생하는 히스테리 환자의 임상 가운데 한 토막 삽화를 제시하고자 한다.

오이디푸스 이론으로 어떻게 거식증을 이해할까?

나는 거식증을 젊은 여성 환자가 아버지의 총애를 받는 이상화된 아들과 동일시된 결과라는 가정을 한다

앞에서 말했던 우리의 거식증 환자인 사라에 대해 다시 검토해 보자. 합리적인 설명에도 아랑곳하지 않는 그녀의 목표 체중은 거의 죽음의 문턱인 41Kg이었다. 그리고 보란 듯이 내게 이렇게 말한다. "보세요. 나는 다시 병원에 가지 않고도 계속 살 수 있어요. 나와 내기를 하는 중이거든요! 왜냐하면 내게는 요동치는 삶 속에서도 버틸 수 있다는 확인이 필요하기 때문이지요." 사라가 한 이 말은 무모하게 생명의 한계에 도전하고 자기의 몸을 마음대로 지배해서 제어하겠다는 맹목적인 의지의 표현이다. 그렇다면 여기 어디에 오이디푸스가 있다는 것일까?

오이디푸스, 평범한 신경증과 병적인 신경증의 원인
L'Œdipe est la cause des névroses ordinaires et morbides de l'homme et de la femme

오이디푸스 이론은 어떻게 이 젊은 여자의 고통을 설명할까? 처음 이 환자를 맞이했을 때, 나는 그녀가 자기 신체의 여성스러운 모든 곡선과 포동한 몸매를 지워서 점차 소멸되기까지 가볍고 정결하게 되고 싶어 한다는 생각을 했다. 그녀는 가슴도 엉덩이도 아주 약간 나온 배도 원하지 않았으며, 여자임을 느끼게 하는 그 어떤 입체감도 거부했다. 그녀가 바라는 것은 페니스도 없고 수염도 없는, 즉 남성성이 없는 소년이 되는 것이다. 그녀의 이상은 중성적인 사람, 마르고 여려 보이는 사람, 환상 속의 아버지가 유혹해서 성적으로 소유하려 한 꿈의 아들, 그 멋진 아들과 다르지 않은 사람이 되고 싶어 했다. 이것은 그녀가 아버지의 어린 연인이 되고 싶다는 의미이다. 다시 말해서 아버지의 총애를 받는 오빠(혹은 남동생)의 자리를 차지하고 싶은 그녀는 오빠의 남성성에 동일시되어서 여자이기를 거부한다는 뜻이다. 네 살의 어린 소녀에게 여자란 거세당했고 약한 존재, 아들만 바라보는 아버지에게 무시당하는 존재일 뿐이다. 거세된 여자인 사라는 자신이 강하다는 것과, 그의 몸이 생식기가 없는 미소년의 실루엣처럼 될 수 있다는 것을 자신과 사람들에게 증명하기 위해 목숨을 걸고서라도 모든 것을 다 해야만 한다는 잘못된 원칙을 가지고 있다. 여기서의 우리 환자는 소유하고 지배하는 남성적인 욕망을 가지고 있는 소년인 동시에 아버지의 소유가 되고 싶다는 여성적인 욕망을 가진 소녀로서, 어리석은 부러움과 질투로 나타나는 남근선망의 지배하에 있다. 그녀의 거식증은 이러한 무의식의 두 가지 충동이 타협한 결과이다. 나는 이러한 나의 가설을 공식으로 표현하고자 한다. 가장 흔한 거식증의 원인은 아버지의 총애로 인해 이상화된 남자 형제와 젊은 여성과의 무의식적인 동일시이다. 거식증 환자가 모두 남자 형제가 있는 것은 아니므로, 이 가설에는 잠재적인 형제, 남성의 분신$^{\text{alter ego}}$이 관련된다.

▓ ⟨표 4⟩ 남자의 병적인 신경증, 그것은 성인이 되어 강박적으로
   다시 출현한 외상적인 오이디푸스이다

거세불안의 환상   신경증, 그것은 성인이 되어
                                  강박적으로 다시 출현한 외상적인
                                       거세불안의 환상이다

┌───┐
│ • 금지자 아버지에 의해   │
│   거세되는(버려지는) 불안   ──────▶   공포 신경증   │
└───┘

┌───┐
│ • 유혹자 아버지에 의해 거세되는   │
│   (성적으로 학대당하는) 불안   ──────▶   히스테리 신경증   │
└───┘

┌───┐
│ • 경쟁자 아버지에 의해   │
│   거세되는(구박받는) 불안   ──────▶   강박 신경증   │
└───┘

〈표 4〉에 관한 해설

두 가지 항목 중 앞의 것은 오이디푸스 당시의 당사자들이 관련된다. 불안한 아이가 소년이거나 소녀라고 해도, 그리고 위협하는 어른이 — 금지하는, 유혹하는, 경쟁적인 — 아버지이거나 어머니, 형이나 누나, 혹은 후견인이라고 해도 차이는 없다. 그러나 성인 남성 신경증 환자의 분석 치료 중에 가장 자주 만나는 거세불안의 환상적 장면에는 아이인 소년과 어른인 아버지가 등장한다. 그러나 여성 신경증 환자에게 환상은 소녀가 어머니의 복수를 두려워하는 것과 같은 유형이 된다. 따라서 환상은 아이와 동성의 부모를 주인공으로 하는 어떤 장면을 담고 있다.

공포증의 사례를 통해 환상을 살펴보자. 대중교통에 대한 공포를 가진 한 여성을 분석해서 밝혀낸 것에 따르면, 그 공포증의 원인은 교통사고로 인한 어머니의 죽음이라는 어린 시절의 비극적인 사건까지 거슬러 올라간다. 그녀는 어머니가 갑자기 사라진 것을 모든 아이가 겪는 애도의 고통 대신, 이제는 없는 사랑하는 어머니가 내린 벌이라는 환상을 갖게 되었다. 그래서 그녀는 또 다시 버려지는 처지에 놓이게 된다는 강박관념, 이제는 닫힌 공간에 대한 공포가 된 강박관념을 갖게 되었다.

위의 표에서 유의해야 하는 것은 두 열이 서로 교차할 수 있다는 점이다. 즉 금지자 아버지에 의한 유기불안이 공포증이 아니라 강박 신경증의 형태로 나타날 수도 있다든지, 혹은 지나치게 부드러운 한쪽 부모가 유혹했다는 것에 대한 불안이 히스테리가 아니라 공포 신경증으로도 나타날 수 있다는 이야기이다.

오이디푸스, 평범한 신경증과 병적인 신경증의 원인
L'Œdipe est la cause des névroses ordinaires et morbides de l'homme et de la femme

▨ 〈표 5〉 여자의 병적인 신경증, 그것은 어른이 되어 강박적으로
    다시 나타난 외상적인 오이디푸스이다

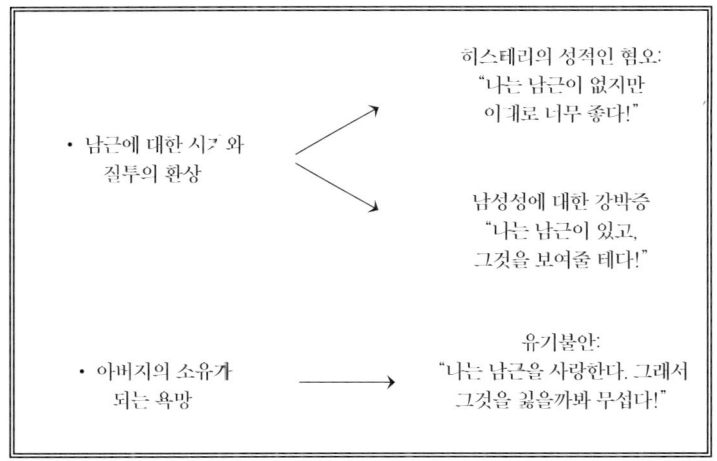

5

오이디푸스에 관한 작은 주제들

Archipel de l'Œdipe

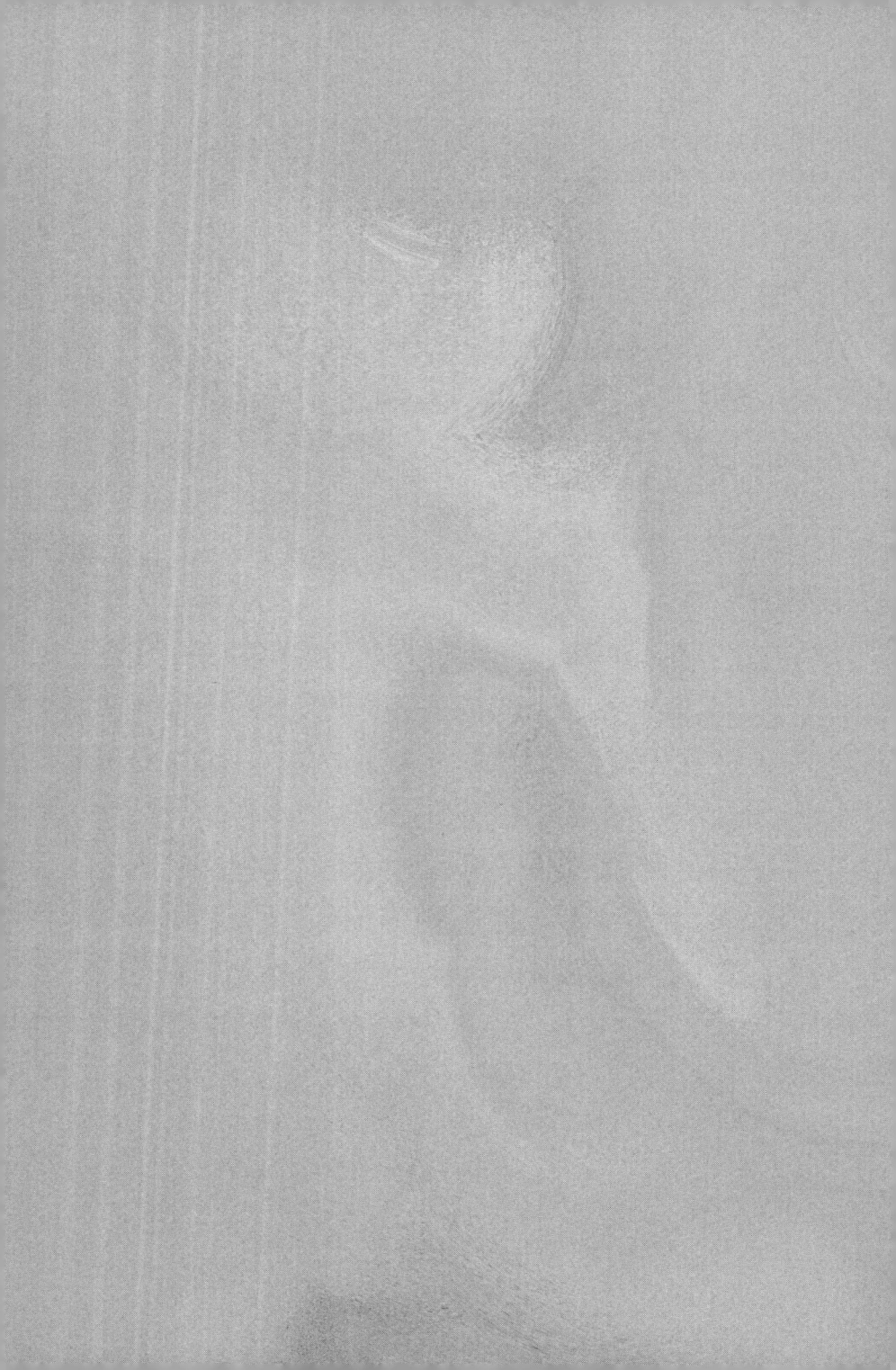

오이디푸스에 관한 작은 주제들 *Archipel de l'Œdipe*

∷

거세는 존재하지 않는다:

거세는 없다. 있다면, 거세위협이 있을 뿐이다
따라서 거세는 현실에 붙여진 이름이 아니라,
불안에 붙여진 이름이다

처음부터 우리는 그 의미에 관해서 있을 수 있는 오해를 해소할만한 계기를 갖지 못한 채, 줄곧 거세라는 단어를 사용해왔다. 이제 나는 그것을 단어 자체의 뜻을 말하는 것부터 시작하려 한다. 거세는 문명과 동떨어진 지역 사람들의 특이한 풍습에 대한 기록에서나 간혹 볼 수 있을 정도로 실제로 존재하는 것도 아니다. 따라서 거세된 사람도, 거세라는 벌도 없다. 물론 우리는 강간범이라든가 소아성애 도착자와 같은 도착증 환자들을 다루는 마지막 수단으로써의 소위 '화학적' 거세라는 말은 들었다. 또한 우리는 정신병적인 성격의 환자들이 성적으로 자신의 신체 일부를 스스로 절단하거나 희생자의 것을 절단하는 거세가 있을 수 있다. 이러한 정신병리학적인 이상행위들을 제외한다면, 순수한 의미에서의 거세는 존재하지 않는다. 그런데도 불구하고 프로이트가 그토록 선정적인 어휘를 사용했다면, 그것은 욕망하는 모든 여자와 남자를 위협하는, 즉 신체적인 쾌락과 그 너머의 행복을 열렬히 추구하는 모든 여자와 남자를 위협하는 상상의 위험을 극적으로 묘사해서 자극하려고 한 것이다. 그들을 위협하는 그 위험은 무엇인가? 그 위협이 경고하는 것은 그들에게 생명력과 생명, 내적 욕망의 샘을 잃게 된다는 것이다. 거세는 무엇인가? 거세는 무엇보다도 위험, 말하자면 신경증 환자가 만들어낸 상상의 위험이고 그가 절대적으로 거리를 두어야만 하는 위험에 대한 생각이다. 신경증이 신경증으로 인해 아픈 것은 바로 자신에게 너무도 소중한 것을 보호하기 위해 쉼 없이 경계하기 때문이다. 신경증을 고통스럽게 만드는 심리적인 긴장의 기원은 거세 자체가 아니다. 그것은 거세에 대한 **두려움**이다. 각각의 신경증 증상들은 즉 힘을 잃게 된다는 남자의 두려움이나 사랑을 잃게 된다는 여자의 두려움과 같이 두려움에 대항하는 방어로써의 긴장이라고 이해

해야 한다. 따라서 '거세'라는 어휘는 더 없이 좋은 것이라고 가정된 대상의 가정된 상실을 상징하는 정신분석의 너무나도 적절한 비유적인 표현이다.

이제 우리는 프로이트를 통해 우리들 각자가 마지막 심급으로서 탐욕스럽게 욕망하는 아이, 그의 갈망의 결과 앞에서 두려운 아이, 남근의 수호에 집착하는 아이, 그리고 욕망하는 데에서 죄의식을 느끼는 아이라는 것을 알았다. 대담함과 소심함, 집착과 죄의식, 이런 것들이 오이디푸스의 특성에서 프로이트가 대략적으로 그려낸 우리의 가장 내밀한 모습이다.

남성의 오이디푸스 안에 있는
아버지의 초상

- 아버지는 이상적인 모델로서 사랑받는다.
- 아버지는 금지자, 그리고 검열자로서 두려움의 대상이다.
- 아버지는 유혹자로서 욕망과 두려움의 대상이다.
- 아버지는 경쟁자로서 미움과 두려움의 대상이다.

소년은 이미 감탄의 대상인 아버지에 대한 사랑을 오이디푸스의 위기에 들어서기 전부터 가지고 있었다. 아들은 아버지에 대한 존경과 따뜻한 사랑의 감정들이 오이디푸스를 통과하는 내내 유지되면서 욕망과 불안, 미움과 같은 반대의 감정들도 경험한다. 이때 아이는 신경증을 조장하는 모순된 감정들을 겪지만, 이러지도 저러지도 못한다. 아이의 신경증도 어른의 신경증도 모두 아버지를 사랑하는 동시에 두려워하고, 욕망하면서 미워한다.

여성의 오이디푸스 안에 있는
어머니의 초상

전^前 오이디푸스에서,

- 어머니는 전능한 남근을 가지고 있는 이상적인 모델(남근의 어머니)로서 사랑받는다.
- 어린 딸은 어머니를 갖고 싶은 성적 대상으로서 욕망한다. 아이에게 어머니는 남근을 소유한 존재이면서 남근 자체이다.

고독한 시기에서,

- 어머니는 힘의 상징인 남근을 줄 수 없어서 딸의 비난을 받는다.

- 어머니는 전능한 힘이 없어서 버림받는다.

오이디푸스에서,
- 어머니는 남자를 욕망하는 여자로서 동일시의 모델이다.
- 어머니는 이상적인 여자로서 다시금 사랑의 대상이다.
- 어머니는 경쟁자로서 미움 받는다.

여성의 오이디푸스 안에 있는 남근의 초상

오이디푸스의 각 시기마다 어린 소녀의 눈에 남근은 다른 형태로 나타난다.

- 전 오이디푸스에서 어린 소녀는 클리토리스의 감각과, 그리고 그녀의 선택된 욕망의 대상으로 여겨지는 인간 어머니의 남근을 인식한다. 따라서 남근은 성적인 욕망을 일으키는 감각기관인 **클리토리스**와 근친상간적 욕망의 대상인 어머니에 의해 구체화된다.

- **고독한 시기**에서 소녀는 소년의 매력적인 페니스에서 남근을 인식하고, 손상된 자신의 이미지에서 박탈을 의식한다. 이 시기의 남근은 소년에게 있는 부러움의 대상, 페니스와 그것 자체의 이미지로써 구체화된다.

- **오이디푸스**에서 남근은 어린 딸이 탐내는 힘으로 구체화된다. 아버지의 첫 번째 거부가 있고나면, 남근은 아버지의 욕망의 대상이 되는 것을 즐기는 소녀 자신Elle-même이다. 그러나 아버지의 두 번째 거부 이후, 소녀의 남근은 마침내 내투된 아버지이다.

- **오이디푸스를 지나**, 이제는 여자가 된 어린 소녀는 사랑하는 남자의 페니스와 그 남자가 그녀에게 준 사랑, 그리고 그 사랑의 결실인 아이 안에서 남근을 확인할 것이다.

성욕을 일으키는 감각들, 어머니, 소년의 페니스, 페니스 자체에 대한 이미지, 아버지의 힘, 소녀 자신, 아버지라는 사람, 사랑하는 남자의 페니스, 사랑, 그리고 아이, 이 모든 것은 여성 오이디푸스에 있는 남근의 화신들이다. 이 화신들 하나하나는 무어라 말할 수 없는 것이면서, 우리의 심리적 안정에 대체할 수 없는 필수적인 조정자로서 남근의 정의에 정확하게 들어맞는다.

오이디푸스에 관한 작은 주제들 *Archipel de l'Œdipe*

남성의 오이디푸스 안에 있는 초자아와 세 가지 역할의 아버지

초자아는 자아 자체의 자기 비평 영역이그, 자아를 검열하는 자아의 한 부분이면서 환상이 된 아버지가 갖는 세 개의 상반된 태도를 정신현상 안에서 재현시킨 심급이다. 따라서 초자아는 세 개의 목소리가 내는 — 금지자 아버지의 금지하는 엄격한 목소리, 유혹자 아버지의 감언이설의 목소리, 악의와 경쟁의 아버지의 자기 비난의 헐뜯는 목소리 — 합창인 셈이다.

인형놀이

오이디푸스의 어린 소녀는 인형놀이에서 두 가지 역할을 한다. 인형을 가지고 어머니와의 관계를 반복하는 전 오이디푸스의 소녀는 인형에게 동일시되는 동시에, 그녀를 귀여워해주는 어머니에게도 동일시된다. 그러나 진짜 오이디푸스에 들어가면 어린 소녀의 역할은 어머니이고, 인형은 아버지가 그에게 준 멋진 아이이다.

남근적인 전능 환상

오이디푸스에 있는 아이들은 남근이 있는 사람은 강하고, 그렇지 않은 사람은 약하다는 생각을 한다. 물론 페니스를 힘의 동의어로, 페니스의 결여를 약함의 동의어로 여기는 것은 네 살 난 아이가 그려낸 만화 같은 허구이며, 결코 성숙한 어른이 할 수 있는 생각은 아니다. 그럼에도 불구하고 이 유치한 허구는 가까운 사람과의 관계는 물론, 자기 자신과의 관계를 신경증적인 갈등의 관계가 되게 하는 신기루와 같은 것으로서, 성숙한 나이가 된 다음까지도 지속된다. 따라서 신경증의 이분법적인 시각은 강하거나 약한, 지배하거나 지배당하는 것을 기준으로 모든 것을 인식한다.

공포증은 투사, 히스테리는 반항, 강박증은 전위이다

이제 관점을 바꿔서 메타심리학에 근거한 세 개의 신경증에서 오이디푸스의 존재를 설명해보자. 공포증은 거세불안이 외부 세계에 투사되어 나타나는 것이다. 금지자인 아버지가 상기시키는 내면으로부터의 위험을 투사해서 바깥 현실 속의 동물과 같은 것에서 위험을 느낀다면, 무의식의 불안은 의식의 두려움이 되었다고 할 수 있다. 공포증의 구조를 프로이트는 그의 유명한 꼬마 한스의 사례를 통해 설득력 있게 설명했다. 즉 한스가 두려워하는 말은 아버지로, 말에 대한 두려움은 아버지에 의해 손상되고 버려지는 두려움을 나타낸다. 한 마디로 공포증은 내면의 두려움을 밖으로 투사시켰기 때문에 위험 요소는 외부에 존재한다. 즉 현실에서 두려워하는 동물은 위협적인 아버지의 환상을 대처한 것으로, 무의식의 불안이 의식의 두려움으로 변형되었다고 말할 수 있다.

신체에 무의식적인 불안의 전체 무게를 집중시킴으로써 신체적인 기능장애(두통, 현기증, 고통 등)를 일으키는 **전환 히스테리**와는 별도로, 나는 **반항 히스테리**라고 하는 아주 흔하지만 상당한 잠복기를 거친 후에야 비로소 발병하는 히스테리의 다른 유형을 알아냈다. 이런 신경증은 부모 중 한 사람, 특히 동성 부모의 유혹으로 인해 생긴 아이의 불안, 즉 유혹당한 아이의 불안이 성인이 된 다음에 재등장해서 발병하는 경우다. 불안에 대한 유아적인 환상들 가운데 가장 병적인 경우가, 유혹당한 것 때문에 두려움에 사로잡힌 소년이 아버지 소유의 여자가 되는 환상이다. 만약 이런 환상이 오랫동안 남자 히스테리의 무의식에서 활동하고 있다면, 그는 그것을 반사적인 반항 행동을 통해 지속적으로 표출한다. 예를 들면, 존경하는 타자나 권위 앞에서 정상적으로 종속된 관계에 있을 때에도, 히스테리는 억압당하고 굴복당하는 느낌을 가지며, 극단적인 경우에는 ― 여전히 자신의 환상에 의거해서 ― 사람들이 괴롭히는 거세된 가녀린 여자의 위치로 격하된 느낌을 갖는다. 그에게 종속적인 것은 '여자가 된다'는 의미이고, 그의 환상 속에서 여자는 약하고 남자보다 열등하며, 그래서 무시해도 되는 존재이기 때문이다. 따라서 권위에의 종속을 신경증은 가장 비참한 굴욕으로 보고, 자신의 자존심amour-propre을 보호하기 위해서는 어쩔 수 없이 끝까지 반항하는 수밖에 없다고 느낀다. 신경증에게 있어서 권위를 가진 사람은 무너뜨려야 할 전제군주이다.

이러한 입장에 있는 히스테리 환자의 경우, 분석가는 무의식의 유혹환상을 분석주체에게 보여주는 일도, 그것을 해소하는 일도 정말 어렵다. 왜냐하면 정신분석가가 아버지처럼 환자에게는 두려운 유혹자, 그래서 박탈할 수 있는 권한이 있는 존재가 되기 때문이다. 이러한 전이 상황에서의 치료는 갑작스럽게 중단될 위험이 있다. 유혹에 대한 유아적인 환상은 그런 식으로 분석관계를 공격할 수 있고, 분석가의 모든 개입을 분석주체는 일관성 있게 견딜 수 없는 권력의 남용으로 해석할 것이다. 프로이트는 자신이 '거세의 암초'라고 규정했던 이 넘을 수 없는 장애물에 가장 먼저 걸려 넘어졌다. 그런데 나는 그 암초를 '거세불안의 암초'라고 하는 것이 더 적합해 보인다. 왜냐하면 자신이 아버지의 노예가 되어 인간으로서의 존엄성을 잃게 될지도 모른다는 불안이 아니라면, 신경증 환자가 정신분석가에게 대항해서 격렬한 반항을 하는 힘을 배양할 수 없기 때문이다. 반항을 통해 히스테리 환자는 한 번도 가진 적 없는 자신의 남근을, 절대로 그런 적 없는 분석가의 압제의 굴레로부터 구해낸다.

여성 환자를 치료할 때, 여성 분석주체가 정신분석가의 교만과 남성우위론을 신랄하게 비판한다면 같은 실패를 겪을 수 있다. 이런 종류의 반응은 그녀가 남근, 즉 모든 사람들로부터 칭송과 사랑을 받아서 언제나 행복한 강함을 가졌다고 전제하는 치료자를 시기하고 질투하는 데서 온다. 분하고 화가 난 여성 환자는 그녀의 유일한 구원이게 될 분석가만큼 아니 그보다 더 강해서 그가 약해보일 만큼 신비로운 힘을 갖고 싶어 한다. 남자가 치료를 중단하는 것은 왜소한 여자가 될지도 모른다는 두려움 때문이라면, 여자는 분하고 화가 나서이다. 남성의 거세 암초가 불안이라면, 여성은 시기와 질투이다. 두 사례에서 우리는 남녀 신경증 환자는 양쪽 모두 여자에 대해서는 평가절하의 이미지를, 남근에 대해서는 평가절상의 이미지를 갖고 있음을 확인할 수 있다. 남성 신경증 환자는 그토록 노심초사 지키고자 하는 남근이 실은 존재하지 않는 대상이라는 것을, 그래서 존재하지도 않은 어떤 물건을 잃게 되는 위험이 있을 수 없다는 것을 납득하지 못한다. 그를 위협하는 위험은 일어날 수 없는 일이므로 두려워할 이유가 없다. 그런데 그러한 남근은 신경증의 여성에게도 역시 함정이 되어서, 있지도 않은 대상 때문에 남자와 다툴 이유가 전혀 없다는 것을 이해하지 못한다.

강박증은 거세불안이 무의식에서 의식으로 이동한 결과이며, 죄의식의 감정으로 구체화된다. 아버지와 경쟁하면서 마주친 무의식의 불안이 자신의 초자아로 인해 벌을 받는다는 의식의 불안으로 변형된다. 잘못했기 때문에 어떤 벌이든지 받아야 한다고 느끼는 이러한 불안을 죄책감이라고 부른다. 강박증은 벌을 받는 자신의 역할을 좋아하고 있고, 자신은 벌 받을 필요가 있다고 보면서, 성식력이 없는 주이상스, 즈 도덕적인 마조히즘 속에서 스스로를 고갈시키는 일이 왕왕 있다.

신경증적 증상의 양성적인 의미

신경증적인 증상 앞에서, 정신분석가는 그 옛날 어린 시절의 오이디푸스에서 만들어져서 지금의 신경증을 지배하는 환상의 장면을 명료하게 하는 시도를 해야만 한다. 그 장면에서 주체는 능동과 수동의 이중의 역할을 담당한다. 정확하게 말해서 그는 자신이 연기하는 두 인물 — 지배하는 남성적인 인물과 지배당하는 여성적인 인물 — 사이의 갈등을 공연하고 있다. 따라서 당신이 비행기 공포증으로 고생하는 환자를 만난다면, 그 불안을 조장하는 환상의 장면에서 비행기의 닫힌 공간은 억압하는 아버지이고, 공포증 환자 자신은 위협당한 아이로 작용하고 있음을 잘 알고 있어야 한다. 그리고 그 환상 안에서 환자는 아버지와 아들의 두 역할을 동시에 하고 있음도 알고 있어야 한다. 그는 억압하는 아버지이면서 동시에 힘없는 아이이고, 학대하는 남성이면서 동시에 희생하는 여성이다. 신경증이 불평을 말하는 것은 바로 아이와 여성의 역할에서이다.

히스테리는 무엇인가?

나는 오이디푸스를 정상이 아니라고 말한 적이 있다. 왜냐하면 그것이 네 살 난 어린 아이의 작은 머리와 몸이 부모를 대상으로 어른의 것과 같은 것으로 보이는 성적인 욕망을 경험하고 있기 때문이다. 그러나 히스테리는 반대로 어른의 머리로 경험하는 유아의 성적인 욕망이고 그 대상도 남자나 여자가 아닌, 강한 존재이거나 약한 존재라고 말할 수 있다. 히스테리의 파트너는 남자도, 여자도 아니다. 그것은 전능한 사람이거나 거세된 사람이다.

오이디푸스에 관한 작은 주제들 *Archipel de l'Œdipe*

∴

어른의 히스테리는 아이였던 그가 부모와 가졌던 지나치게 감각적인 관계에서 유래되었다

오이디푸스를 통해 어른의 히스테리는 어린 시절, 아이의 성본능 속에서 발생한 걷잡을 수 없는 동요에서 유래되었다는 것을 알게 되었다. 실제로 유아 성생활 문제에 현재 겪는 신경증적인 고통의 기원이 있다. 어떤 문제일까? 성인에게 신경증이 자리잡을만한 예기치 못한 어떤 일이 어린 시절의 오이디푸스에서 일어났던 것일까? 그렇다! 그 일은 오이디푸스의 아이가 너무 강한 자극으로 엄습해 왔던 성적 욕망의 쾌락에 사로잡혔던 경험을 말한다. 그런 경험을 해본 적 없는 자아는 제멋대로 움직이는 맹렬한 쾌락을 제지할 줄도, 그 차고 넘치는 쾌락을 소화할 줄도 몰랐다. 여러분은 나에게 욕망 때문일지 쾌락 때문일지 묻고 싶을 수 있다. 그런데 그 둘은 완벽하게 똑같은 가치를 갖고 있다. 그래서 오이디푸스의 아이는 우리가 감각과 욕망, 환상과 쾌락이라고 구분해 놓은 요소들을 하나로 경험한다. 상황이 이러하다보니 성욕을 자극하는 쾌락이 과도할 때, 어린 아이의 자아는 외상을 입는다. 이것이 오이디푸스의 임상 경험에서 받은 중요한 교훈이다. 다시 말해서 아이의 자아가 성적 쾌락이 가한 당혹스러운 충격을 동화시킬 수 없다면, 그것은 수없이 똑같은 정신적인 외상을 되살아나게 해서 책망하고 당혹스럽게 한다. 내가 강조하는 것은 성인 히스테리 환자가 오이디푸스 시절에 겪었던 것이, 우리가 생각하는 것처럼 고통이 아니라 쾌락이라는 그 놀라운 현상이다. 외상에는 고통만 있는 게 아니다. 과도한 성적인 쾌락도 외상적이다.

따라서 미성숙한 자아와 강하고 조숙한 쾌락 사이의 괴리는 외상이 되어 유아의 무의식의 밀랍 안에 새겨진다. 무의식의 아주 민감한 판에 성욕을 자극하는 난폭한 쾌락의 충격과 그 상황을, 즉 관능적이고 욕망을 가지고 있는 성인의 현존을 기억으로 간직한다. 순수하든 그렇지 않든 부모 중 한 사람의 자극에서 시작되지 않았다면, 그것은 성적이고 외상적인 쾌락이 아닙니다. 이렇게 해서 한 쪽 부모가 유혹했다는 상상을 내용으로 하는 환상의 원형적인 장면은 순결한 아이의 무의식 안에 형태를 잡는다. 시간이 한참 지나 어른이 된 환자는, 이번에는 부모가 아니라 실제 주변사람들을 파트너로 삼으면서, 아프게 하는 쾌락의 감각과 같은 것을 다시 체험하고 외상장면과 같은 것을 재연하는 강박적인 필요를 — 이것이 신경증이다 — 경험한다. 다시 한 번 강조하지만, 아이가 체험한 너무 강한 성적 감각의 외상적인 경험이 어른의 신경증의 시원이 될 수 있다. 신경증의 형성 과정을 도식화하면, 거기에는 전제조건과 세 단계가 있다. 전제조건은 아이의 미성숙함과 4살의 어린 존재가 감당할 수 없는 너무 강한 성적 쾌락이다. 외상은(첫 단계) 쾌락과 고통의 환상 장면에 정착되고(둘째 단계), 이 장면이 성인의 삶 속에서 환자에 의해 끊임없이 재연되면서 외상이 영구화된다(셋째 단계). 이것이 신경증이다!

▨ 〈표 6〉아이가 부모와의 관계를 지나치게 감각적으로 경험했다면, 어른이 되면 그 아이는 히스테리가 될 수 있다.
아이가 너무 일찍 성욕의 자극에서 온 쾌락을 경험했다면, 그것은 고통스러운 외상이 될 수 있다.

어른의 신경증 (반복의 강박)	어른이 된 환자는, 이번에는 부모가 아니라 실제 주변사람들을 파트너로 삼으면서, 아프게 만드는 쾌락의 감각과 같은 것을 다시 체험하고 외상장면과 같은 것을 재연해야만 하는 강박적인 필요를 경험한다.
	↑
병을 일으키는 환상의 장면으로서 외상의 고착	무의식의 아주 민감한 판은 성욕을 자극하는 난폭한 쾌락의 충격과 그 상황, 즉 감각적이고 욕망을 일으키는 성인의 현존을 기억으로 간직한다. 따라서 한쪽 부모가 유혹한다는 환상의 장면이 각인된 연판이 무의식에 흔적을 남긴다.
	↑
	심리적 외상
	↑
오이디푸스 아이에게 외상이 되는 성적 쾌락	성적인 쾌락과 어린아이의 자아와의 괴리 아이가 의지하는 욕망 상태의 어른이 아이에게 일으킨 섬광과도 같이 강렬한 성욕을 일으키며 엄습해 오는 쾌락과 너무 놀라서 그것을 소화할 수 없는 아이의 자아와의 괴리. 이는 비정상적이고 순간적인 괴리의 문제이다. 너무 강한 쾌락이 너무 일찍 찾아 왔다.

오이디푸스에 관한 작은 주제들 *Archipel de l'Œdipe*

여성 히스테리 환자는
사랑이 두렵다

유혹하는 어른에게 매료되어 흥분한 아이가 마침내 성적으로 학대당한다는 환상 속의 장면은, 남성이나 여성의 히스테리 환자를 치료할 때 가장 흔하게 마주치는 환상 중 하나이다. 유혹환상 때문에 여성의 사랑은 종종 어려움을 겪는다. 남자의 사랑을 받고 싶은 여자는 그가 자신을 꼼짝 못하게 할까봐, 혹은 버릴까봐 두려워한다. 여성 히스테리 환자는 사랑을 고백하는 남자를 모두 유혹적인 유혹환상의 짙은 안개 너머로 왜곡해서 본다. 그녀들은 이렇게 말한다. "남자들은 다 똑같아. 말은 그럴 듯하지만 결국 원하는 것을 얻고 나면, 나 같은 건 거들떠보지도 않을 거야!"라고. 히스테리에게 아버지의 지배 아래 있다는 유아적인 불안은 그녀가 의지할 수도 있는 모든 남자에게 대항하는 반발로 변형되었다. 그리하여 유기불안은 사랑하기를 무서워하는 것으로 변형되었다.

오이디푸스에 관한 작은 주제들 *Archipel de l'Œdipe*

∵

라캉의 세 얼굴을 한 — 상징적, 실재적, 상상적 — 오이디푸스의 아버지

나는 라캉을 읽으면서, 라캉은 아이의 오이디푸스 환상 속에서 아버지가 맡았던 중요한 여러 역할의 기준에 따라 오이디푸스를 세 단계로 나누었다고 보았다. 첫 단계의 오이디푸스에서, 아버지는 인간의 형상이 아니다. 이때 아버지는 근친상간을 범하는 카오스의 인간 세계를 지키는 관념적인 법의 형상을 하고 있다. 탁월하게 관념적이어서 인간의 언어로 표현되는 인간의 광기에 대항하는 방패로서의 이 아버지를 상징적인 아버지라고 한다. 이 단계의 아버지는 아이가 무시하는 암묵적인 법이다. [이 법을] 고려하지도, 두려워하지도 않는 아이는 아무렇지도 않게 어머니를 유혹하고 자신이 어머니의 남근인 냥 행세한다. 둘째 단계에서의 아버지는 중요한 실재 인물이다. 이때 아버지는 실재 아버지로, 타자를 자기 욕망의 대상으로 삼는 사람에게 금지를 말함으로써 어머니와 아이를 떼어놓는 분리자이다. 셋째 단계에서 아이는 전능자인 아버지를 존경하지만, 경쟁자인 아버지를 미워하며 남근을 가진 사람인 아버지를 ― 혼자서 어머니와 모든 여자, 게다가 힘까지 갖춘 ― 시기하면서, 분리와 갈등을 만드는 아버지에게 대든다. 이때의 아버지는 존경과 미움, 질투의 대상인 상상의 아버지이다. 바로 이런 아버지에게 아이는 받지도 못할 남근을 요구할 것이다. 물론 아버지는 거절하고, 이 거절로 인해 아들은 즉시 상징과 실재, 그리고 상상적인 부성의 얼굴을 한 아버지에게 동일시된다. 이렇게 아이는 가질 수 없는 대상을 소유한 사람과 자신을 동일시한다.

요약하면, 오이디푸스에서 아이는 세 인격의 부성과 만나는 경험을 한다. 우선, 아버지는 그가 태어난 사회를 다스리는 법의 테두리이다. 이후 아버지는 이 법을 존중하게 만드는 공권력이며, 마지막 아버지는 같은 공권력이지만 이번에는 두렵게 하는 권위, 대항하게 하는 권력의 전능함을 가진 사람으로서 부러움을 받는 공권력이다. 오이디푸스 인형극의 1막에서, 어린 소년은 무례하게도 이렇게 속삭이며 어머니를 탈선시키려고 한다. "그러지 말고 나를 가져요! 아무도 우릴 보고 있지 않잖아요." 이후 2막에서 우리는 상자에서 튀어나온 헌병이 하는 말을 듣는다. "두 사람 여기서 뭐하나? 당장 멈춰라!" 마침내 3막에서, 당황하면서도 감탄한 소년이 질서의 상징에게 만약 그가 그만큼 강하게 되면 그에게 지휘봉을 빌려줄 수 있는지를 존경의 마음을 담아 묻는다. 그의 거절 앞에서 낙담한 어린 아이는 권위의 형상과 혼합되어 반항하는 인물과 그 반항을 억압하는 헌병으로 나뉜다. 이렇게 아이는 둘로 나뉘어서 반항하는 인물이 되기도 하고, 또 그 반항을 억압하는 헌병이 되기도 한다. 이때부터 한 사람은 어기고, 또 다른 한 사람은 제재하는 작은 무대 위의 두 인물은 주체의 생애를 점철하는 모든 감정 생활과 결정적인 행위, 상황들을 지배할 것이다. 요약하면, 오이디푸스를 횡단했다면, 그것은 아이가 세 얼굴의 — 상징적이고 실재적이며 상상적인 — 아버지를 만났다는 의미이다. 그 아버지는 법의 표상이기도 하고, 그것을 준수하게 하는 힘이기도 하며, 그

힘 때문에 아들의 질투와 저항을 받기도 한다. 이것이 짝을 이루어서 소년의 초자아를 형성하는 내면화된 아버지의 세 얼굴이다.

오이디푸스에 관한 작은 주제들 Archipel de l'Œdipe

오이디푸스 안에 있는 세 유형의 결여

▦ 〈표 7〉 라캉의 삼위일체 해석: 오이디푸스 안에 있는
　　　결여의 세 유형은 거세, 박탈, 그리고 욕구좌절이다

근친상간 욕망	남근: 소중한 대상	결여의 유형	결여의 요인	결여의 체험
어머니를 소유한다는 오이디푸스 소년의 욕망	내가 잃을까봐 겁나는 것은… 갖고 있다고 믿는 대상, **상상적 남근**이다	결여는 생각 속에 있고, **거세**는 상징적이다	거세의 요인은 금지자이고 유혹자, 경쟁자인 **아버지**이다	나의 남근적인 페니스, 혹은 남성다운 남근, 힘의 남근을 잃는 데 대한 **불안**
어머니를 소유한다는 전 오이디푸스 소녀의 욕망	내가 잃은 것은… 갖고 있다고 믿었던 대상, **상징적 남근**이다	결여는 사실이고 **박탈**도 실재이다	박탈은 **결함있는 어머니** 때문이다	박탈의 **고통**
아버지의 소유물이 되는 오이디푸스 소녀의 욕망	내가 되고 싶은 것은… **실재 남근**인 아버지의 소중한 대상이다	결여는 실망감, **욕구좌절**은 상상이다	욕구좌절의 요인은 딸을 남근으로 삼기를 거절하는 **아버지**이다	체념하지 않는 **소녀**는 여자와 어머니가 되기 위해 **온 힘을 다한다**

191

오이디푸스 안에 있는 세 유형의 결여에 대한 보충 설명

거세가 생각 속에서 이루어진다면, 박탈은 이미 이루어진 현실이다. 그리고 그에 대한 요구와 거절이 욕구좌절을 가져왔다. 소년은 거세를 생각하면 불안하다. 왜냐하면 그 생각 때문에 본질적이라고 믿었던 것이 자신에게 없어질 수도 있기 때문이다. 반면 소녀는 박탈의 확인 때문에 고통스럽다. 그녀는 자신이 갖고 있다고 믿었던 본질적인 것이 없음을 확인해서 고통스럽다. 아버지가 딸을 남근으로 삼기를 거절한 데 대한 실망감이 소녀가 갖는 욕구좌절이다. 실망한 소녀는 그래도 일생을 통해 사랑과 사랑하는 남자의 아이를 갖는다는 두 개의 중요한 남근을 얻기 위해 온 힘을 기울인다.

남성의 입장과 여성의 입장

오이디푸스의 경험에서, 아이는 처음으로 그의 성정체성의 기반이 되는 소유하는 남성의 욕망과 소유되는 여자의 욕망을 느낀다. 여기 남성과 여성의 입장을 비교한 표가 있다. 물론 이 두 입장은 남자와 여자를 구별하지 않고 적용될 수 있으며, 당연히 어느 정도 남성적인 유형에 따라 욕망하는 여자도 있고 여성적인 유형에 따라 욕망하는 남자도 존재한다. 따라서 '남성'과 '여성'은 심리적으로 더 우세한 입장을 가리키는 말이다. 그 특징이 무한대라서 정신분석학적으로 남성의 입장과 여성의 입장을 유형별로 정의하는 것은 불가능함에도 불구하고, 이것은 상당히 잘 된 편이다.

▦ 〈표 8〉 남성의 입장과 여성의 입장 비교

영역	남성의 입장	여성의 입장
오이디푸스 욕망	소유하기를 욕망한다	소유되기를 욕망한다
성본능	• 남자는 성적으로 과잉활동성의 자신의 성기를 자랑스러워하며, 여자를 즐겁게 해주려는 욕망이 있다 • 원심적 성향의 남자는 나서서 사랑하는 여자를 보호하고 그와 **성관계 갖기**를 원한다 • 남자는 한 여자를 사랑할 수 있으며, 그 사랑을 포기하지 않고도 다른 것을 욕망할 수 있다. 사랑과 성은 분리된다	• 남자와 달리 여자는 특히 성관계의 **질**에 민감하다 • 구심적 성향의 여자는 나서기보다는 보호받고, 사랑하는 남자와의 성관계를 **받아들이기**를 원한다. 여자가 자신을 내어주는 것이 수동과 복종의 의미는 아니다 • 여자는 성욕을 일으키는 민감성에 있어 페니스에 집중되어 있는 남자보다 훨씬 다양하고 풍요롭다 • 성적인 만족을 구하는 남자의 사랑보다 여자의 사랑이 더 전폭적이다. 사랑과 성은 분리될 수 없다
사랑하는 파트너 앞에서의 행동	• 남자는 사랑받기보다 사랑하기를 더 좋아한다 • 그는 사랑하는 여자를 이상화하고 그녀 앞에서 자신을 낮춘다	• 여자는 사랑하는 것보다 남자에게 사랑받기를 더 좋아한다. 여자에게는 변함없는 안정감이 필요하다
나르시시즘	• 아름답기보다는 오히려 잘하는 것에서 나르시시즘을 가진다. 남자에게는 아름다움보다 강하다는 것이 더욱 중요하다	• 자신이 아름답게 보여지기 보다는 스스로를 아름답다고 느끼는 나르시시즘을 가진다. 힘이 있기보다는 없어서는 안 되는 존재가 되는 것이 더 중요하다. 즉 여자는 유일한 존재이고 싶어 한다
권력/무력	• 강자이냐 약자이냐의 양자택일은 남자의 사활이 걸린 중요한 문제이다	• 강하거나 약한 것은 그녀의 관심 밖이다. 여자의 목표는 사랑을 받고 버림받지 않는 것이기 때문이다

확고한 태도와 용기	• 본질상 느슨하고, 시작하는데 시간이 많이 걸리며, 위험을 측정하고, 실천 앞에서 주저하고 물러선다	• 한번 책임지기로 결정하면, 여자는 용기와 흔들리지 않는 확고한 태도를 보인다
사회적 태도	• 남자는 자신의 힘을 알리고 싶어 한다	• 여자는 자신의 힘보다는 내적인 울림에 관심을 둔다
자발성	• 자발적으로 행동하고 선견지명과 확고부동함이 있다	• 사랑을 쟁취하고 아이를 보호하는 열중이 있다
왜 남성과 여성의 입장이 다른가?	• 남자는 떨어질 수 있는 부속기관인 페니스를 부여받았고, 그 페니스야말로 그가 잃으면 어쩌나 노심초사하는 모든 것을 — 그의 힘과 남성다움 — 상징한다. 자신의 힘을 잃는 데 대한 두려움이 남자의 정신 안에 자리 잡고 있는 만큼 그가 실행하는 모든 것은 위험이고, 실패는 굴욕일 뿐이다 • 남자에게 가장 큰 위험 요소는 복수심이 강한 여자와 감탄의 대상이 되는 아버지이다	• 여자는 상상 속에서 다룰 수도 지킬 수도 없는 딸린 기관은 없지만, 반드시 지켜야 하는 가장 소중한 보물인 눈에 보이지 않는 대상, 곧 사랑하고 사랑받는 대상을 가지고 있다. 그녀의 가장 소중한 것은 사랑이고, 목적은 행복이다. 행복은 그녀가 쟁취하기 위해 언제나, 그리고 영원히 노력해야만 하는 것이다. 그녀는 지켜야할 기득권이 없기 때문에, 목숨을 걸어야 하는 행동 앞에서 두렵지만 남자보다 훨씬 침착하게 착수한다. 그녀는 남자가 잊고 있는 것, 즉 세상에 영원한 기득권은 없음을 알고 있다

6

오이디푸스 관련
프로이트와 라캉의 저작 발췌

Extraits des œuvres de S. Freud et de J. Lacan sur l'Œdipe

프로이트와 라캉의 발췌문을 소개하는 소제목과 굵은 글자체의 문단은 저자 장-다비드 나지오의 것이다.

오이디푸스 관련 프로이트와 라캉의 저작 발췌
Extraits des œuvres de S. Freud et de J. Lacan sur l'Œdipes

프로이트

오이디푸스 콤플렉스의 보편성

모든 아이들은, 그들의 가정 상황이나 사회·문화적 여건과 상관없이, 오이디푸스 콤플렉스의 보편적인 환상을 체험한다. 보통 가정의 아이는 물론, 한 부모 가정의 아이와 재혼 가정의 아이, 그리고 동성애 부부의 아이, 고아거나 사회기관에 입양된 아이 등, 모든 아이들이 오이디푸스를 겪는다. 즉 오이디푸스를 피할 수 있는 아이는 없다! 왜 그럴까? 어떤 아이도, 남아이든 여아이든 네 살 가량의 아이는 세차게 밀려오는 에로틱한 욕동의 격류를 피하지 못하기 때문이며, 아이와 가까운 어떤 어른도 아이 욕동들의 표적이 되는 것을, 그리고 그 욕동들을 잠재워야 하는 것을 회피할 수 없기 때문이다.

"살기 위해서 모든 아이는 불가피하게 오랜 기간 부모의 집에서 의존적인 생활을 해야만 한다. 내가 말하려는 오이디푸스 콤플렉스라는 이름은 그것의 주요한 내용이 그리스의 왕인 오이디푸스의 전설 안에 있기 때문이다. (…) 이 그리스의 영웅은 그 사실을 모르고 (…) 아버지를 죽이고 어머니와 결혼한다 (…)."[1] 프로이트

"여기서 어린 소년은 자신의 경험이 계통발생적 도식과 일치하지 않아도 그것을 성취해야만 하고, 또 성취해낸다."[2] 프로이트

"아이가 태어나면서 가지고 온 계통발생적 도식들은 (…) 인간 문명사의 자취들이다. 오이디푸스 콤플렉스도 (…) 그것의 일부이다."[3] 프로이트

"(…) 그녀의 경우에, 이 보편적 환상이 현실이 되었음을 모르고, 오이디푸스 콤플렉스의 지배 아래 있었다."[2] 프로이트

오이디푸스 콤플렉스의 발견

우리는 성인 환자가 기억해 낸 유년기의 성적인 성격의 추억에서 오이디푸스 콤플렉스의 존재를 추론한다. 잊지 말아야 할 것은 그 추억은 언제나 과거에 대한 대단히 주관적인 재해석이라는 점이다.

"아이의 성본능[오이디푸스 콤플렉스]에 관한 놀랄만한 발견들은 일단 성인의 분석에 의해 확실해졌다 (…)."[5] 프로이트

"[성인 환자가 기억해낸] 이 환상들로 인해 성적인 기능의 발달[아이의 리비도 단계]을 기록할 수 있게 하는 자료가 나왔다."[6] 프로이트

성인 환자가 어린 시절에 겪었다고 생각하는 유혹 장면에 관한 이야기에서 프로이트는 오이디푸스를 발견했다

오이디푸스 콤플렉스는 관찰할 수 있는 현실이 아니다. 그것은 근친상간적인 욕망의 압박에서 아이가 만들어낸 성적인 환상이다. 이 환상에는 대체로 성인이 행한 성적인 유혹의 장면이 담겨있다. 또한 치료 중에 있는 분석가는 어린 시절에 만들어졌지만 성인 신경증 환자에게는 여전히 생생한 오이디푸스의 환상을 다시 재구조화해야만 할 것이다. 분석가/환자 관계는 오이디푸스의 관계를 현재 되풀이되어 실현하고 있으므로, 분석가는 이를 〈즉석에서〉 재구조화할 수 있다.

"(…) 나는 이 유혹 장면이 실제로 있었던 일이 아니라, 나의 환자가 만들어낸 환상이었음을 확인하게 되었다."[7] 프로이트

아버지가 성적으로 유혹했다는 기억은 오이디푸스 콤플렉스를 보여주는 여러 형태중 하나이다. 유혹환상은 오이디푸스 환상에 대한 하나의 변주일 뿐이다. 아이가 애매한 동작을 성적인

유혹의 기억으로 만드는 데는, 한쪽 부모(대개 아버지)의 아주 다정한 행동 하나면 충분하다.

"(…) 내 환자가 만들어낸 유혹의 장면 앞에서 (…), 나는 처음으로 오이디푸스 콤플렉스를 만나게 되었다 (…)."[8] 프로이트

모든 인간의 욕망은 근친상간의 욕망에서 비롯된다

네 살 아이는 근친상간의 욕망을 실현하지 못할 뿐만 아니라 상상할 수도 없다. 그러나 분석가들은 생식능력 안팎의 이 신화적인 욕망에서 모든 인간의 욕망과 환상이 비롯되었다고 전제한다.

"욕망을 실현하는 방법에서는 전적으로 무능하다 해도, 소년은 어머니와 아이를 낳는다는 욕망을, 소녀는 아버지의 아이를 갖는다는 욕망을 가지고 있다."[9] 프로이트

환상 속에서 근친상간의 욕망은 부분적으로 만족된다

아버지에게 얻어맞는 것은 성적으로 아버지의 소유가 된다는 소년의 근친상간적 욕망을 부분적으로 충족시키는 환상이다. 따라서 신체적인 고통이 성적인 쾌락이 된다. 이런 점에서 남성의 유년기나 청소년기에 신체적으로 심각한 폭력을 겪었다면, 그것은 외상적인 사건이 되어 그를 지배하고 격하시키는 남성이나 여성 파트너에 대해 성적으로 수동적인 입장(마조히즘)이 되게 할 수도 있다.

"소년의 얻어맞는 환상은 아버지 앞에서의 여성적인 태도에서 비롯된 (…) 수동성의 환상이다."[10] 프로이트

소년과 소녀의 오이디푸스

소년은 두려움 때문에 어머니를 포기하지만, 소녀는 자신을 실망시킨 어머니에게 등 돌리고 아버지를 향해 간다.

"어머니를 갈망하고 경쟁자인 아버지를 제거하고 싶어 하는 소년의 오이디푸스 콤플렉스는 성본능의 남근기에서 자연스럽게 전개된다. 그러나 거세의 위협이 그에게 이러한 입장을 포기하게 한다. 페니스를 잃을지도 모른다는 위협을 느끼면서 소년은, 가장 정상적인 경우, 근본적으로 오이디푸스 콤플렉스를 포기하고 억제하며 스멸시키는 한편, 엄격한 츠자아를 그것의 상속자로 지명한다.

그러나 소녀의 경우는 거의 반대 상황이 된다. 거세 콤플렉스는 오이디푸스 콤플렉스를 파괴하기보다는 오히려 준비할 수 있게 한다. 페니스를 열망함으로써, 어린 소녀는 어머니와의 관계를 거두어들이고, 오이디푸스를 안식처로 여기면서 그 상황 속으로 들어가기를 서두른다."[11] 프로이트

세 단계로 나눈 소녀의 오이디푸스

우리는 여성의 오이디푸스를 세 단계로 나눈다. 전 오이디푸스의 단계에서 소녀는 남성의 입장에서 어머니를 성적인 대상으

로 욕망한다. 내가 '박탈의 고통'이라고 하는 단계에서 외롭고 또 괴로운 소녀는 소년에 대한 질투에 사로잡힌다. 그리고 마지막 단계는 진짜 오이디푸스로, 여기서 소녀는 아버지의 소유가 된다는 여성으로서의 욕망이 자리 잡는다.

"여성의 성생활에는 두 단계가 있다. 남성적인 성격의 첫 번째 단계와 전형적인 여성적 성격의 두 번째 단계가 있다."[12] 프로이트

프로이트가 제안한 첫째와 둘째 단계 사이에, 나는 외롭고 또 괴로운 소녀가 택하는 경쟁적인 남성적 입장을 적용하는 중간 단계를 삽입한다.

초자아는 우리의 심리적인 아버지이다

우리의 초자아는 오이디푸스 콤플렉스의 억압 속도와 난폭함에 따라 지나치게 엄격하거나 또는 지나치게 유연할 수 있다.

"초자아는 아버지의 성격을 지닌다. 오이디푸스 콤플렉스가 강력할수록, 그것의 억압이 신속하게 이루어질수록 (…), 훗날 초자아는 더욱 엄격한 도덕의식으로써, 또한 무의식적인 죄의식으로써 자아를 지배할 것이다."[13] 프로이트

신경증은 성인기에 재발한 오이디푸스이다

오이디푸스 콤플렉스는 신경증의 원인이다. 이는 유년기에 잘못 억압된 오이디푸스의 환상이 성인기에 신경증의 증상으로 다시 나타난 것이기 때문이다. 다시 말해서 성인의 신경증은 그가 체험했던 유년기의 성적인 쾌락의 강도, 그리고 그에 대한 억압의 난폭성과 불안정성으로 설명된다.

"따라서 억압당한 유년의 성본능은 욕동의 힘이 되어 증상 형성에 중요한 역할을 하는가 하면, 오이디푸스 콤플렉스는 그 내용의 중요한 일부를 구성하면서 신경증의 근본적인 콤플렉스가 된다."[14] 프로이트

"우리는 신경증의 진짜 중심은 오이디푸스 콤플렉스이고, 실재 조건은 절정에 달한 유아의 성본능이며, 무의식 속에 콤플렉스로 남아 있는 것이 훗날 성인기에 찾아 올 신경증적 질병의 상태를 구성한다고 본다."[15] 프로이트

"나는 히스테리 증상들이 실재 사건에서가 아니라, [오이디푸스의] 환상들에서 파생된 것이라는 점을 이해시키고자 했다."[16] 프로이트

라캉

오이디푸스는 가족 이론이다

오이디푸스 이론은 가족 이론이면서 특히 사회적으로 부성의 이미지가 약화된 것에 관한 이론이다. 이러한 아버지의 역할의 약화는 곧 신경증의 기원이 될 것이다.

"성적인 억압과 심리적인 성은 가족 심리 드라마의 사건과 조절 메커니즘에 따른다는 발견이 (…) 가족집단에 대한 인류학과의 아주 값진 공동작업을 제시했다. (…) 거기서 프로이트는 재

빨리 가족이론을 공식화했다. 그 이론은 오이디푸스와 관련해서 양성의 신분상의 (…) 비대칭에 근거하고 있었다."[17] 라캉

"우리가 염려하는 것은 장래의 가족관계의 이완에 대한 것이 아니다. (…) 그러나 대단히 많은 심리적 결과들은 우리에게 사회적으로 부성의 이마고^{imago}가 약화되고 있다고 하는 것 같다. (…) 이러한 약화가 심리적인 위기를 만든다. 아마도 이러한 위기가 정신분석학 자체의 등장을 촉진했던 상황이었을 것이다. 비엔나의 (…) 가부장적인 유태인 가정의 아들이 오이디푸스 콤플렉스를 상상했던 것은 단지 천재의 기막힌 우연만으로 설명될 수는 없다. 아무튼 지난 세기 말에 주요한 신경증의 형성에 가족의 조건들이 밀접하게 관련되었음이 밝혀졌다."[18] 라캉

남근기

남근기의 아이는 그 어떤 성적인 행위를 동반하는 것도, 또한 그러한 행위가 이루어지는 것도 아닌 가운데, 부모 중 한 사람

을 성적으로 욕망한다. 아이는 가지고 있지도 않은 생식능력 대신, 전능한 남근을 소유했다는 환상을 키운다.

"잠재기의 바로 전 단계로서, 어린 여성과 남성의 주체는 생식을 실현할 수 있는 지점을 지칭하는 남근기에 이른다. 거기에는 대상 선택을 포함한 그 모든 것이 있지간, 온전한 생식 기능의 실현과 같이 없는 것도 몇 가지 있다. (…) 실제로 남근으로 전환될 가능성이 있는 상상적이고 환상적인 요소가 있다. 이를 매개로 해서 주체는 이 세상 사람을 남근이 있는 사람과 남근이 없는, 즉 거세된 사람의 두 부류로 나눈다."[19] 라캉

어머니의 전능

라캉은 아이가 자신의 전능감에 사로잡혀 있다는 데 반대한다. 아이는 어머니만이 전능을 소유할 수 있다고 생각하기 때문이다. 아이에게 전능한 사람은 대타자뿐이고, 아이가 경험하는 가장 최초의 거세는 어머니도 자신과 마찬가지로 약한 존재라는

사실의 확인이며, 그것이 아이를 몹시 불안하게 만든다.

"아이가 자신의 전능에 대한 관념이 있다는 것은 (…) 잘못 되었다. 아이의 성장 가운데 그런 관념이 있으리라는 표시가 전혀 없기도 할뿐 아니라, (…) 자신의 전능과 실패가 마주하는 그 관념은 전혀 문제되지 않는다. 문제는 (…) 어머니의 전능함에 상처를 입힌 결핍과 그에 대한 실망감이다."[20] 라캉

아버지는 은유이다

라캉에게 아버지는 남성의 오이디푸스에서도 여성의 오이디푸스에서도 그 드라마의 주인공이다.

"만약 아버지가 없다면 오이디푸스의 문제도 없다. 역으로 오이디푸스를 논하는 것은 아버지 기능을 주요한 것으로 인정하는 것이다."[21] 라캉

오이디푸스 콤플렉스 안에서 아버지는 은유의 신분을 갖는다. 즉 아버지는 다른 시니피앙의 자리에 온 시니피앙이다. 시니피앙으로서 '아버지'는 '어머니의 욕망'이라는 시니피앙의 자리에 온다. 아버지는 어머니가 가지고 있는 욕망을 의미한다. 다시 말해서 아이에게 아버지는 남자, 어머니가 욕망하는 남자이다.

"아버지는 무엇인가? 나는 가족 안의 아버지를 말하는 것이 아니다. (…) 모든 문제는 그가 오이디푸스 콤플렉스 안에 있다는 것을 인식하는데 있다. (…) 그 아버지는 은유이고 (…) 다른 시니피앙으로 대치된 시니피앙이다. 오이디푸스 콤플렉스에서 아버지의 개입에는 확산력, 매우 중요하고 독특한 확산력이 있다. (…) 오이디푸스 콤플렉스에서 아버지의 기능은 상징작용 안에 삽입된 최초의 시니피앙, 어머니의 시니피앙으로 대체된 시니피앙이다. (…) 은유적으로 (…) 표현하면, 아버지는 어머니를 대신하러 온다."[22] 라캉

상상적인 삼각관계, 상징적인 사각관계

라캉의 어머니-아이-남근의 삼각형은 전 오이디푸스에서의 상상적인 삼각관계이다. 오이디푸스가 나타나려면 반드시 네 번째 요소, 즉 아버지의 개입이 있어야 한다. 그렇게 될 때 상상적인 삼각관계는 상징적인 사각관계가 된다. 이러한 이행은 실망을 통해 이루어진다. 즉 아이는 자신이 어머니의 남근이 아님을 알게 되어 실망한다. 또한 어머니의 욕망의 대상은 자신에게 있지 않고 아버지에게 있음을 알아차린다. 그래서 아이는 남근을 가지고 있는 아버지로 방향을 돌린다.

"최초의 세 대상[어머니-아이-남근]과 상징적 관계 안에서 그들을 모두 포괄해서 묶는 네 번째 항목의 변증법은 아버지이다. 이 항목이 상징적 관계를 가져온다."[23] 라캉

"어머니-아이-남근의 상상의 삼각관계는 오이디푸스 차원에서 도입된 네 번째 기능, 즉 아버지의 기능과 함께 이루어지게 되는 상징적 관계의 전주곡이다. 삼각형은 그 자체로 전 오이

디푸스이다. (…) 사각관계는 (…) 아이의 근본적 실망에서 (…) 비롯된 부성적인 역할의 기능이 추가되면서 구성된다. 아이는 자신이 어머니의 유일한 대상이 아닐 뿐만 아니라, 어머니의 관심도 (…) 남근이라는 점을 인식한다. 이러한 인식에 이어, 아이는 어머니도 역시 박탈되었음을, 어머니 자신도 이 대상이 없음을 깨달아야만 한다."[24] 라캉

라캉과 기부의 상징계

라캉은 타인에게 대상을 요구한다는 의미와 타인에게 대상을 준다는 의미에서 기부의 상징계를 강조했다. 소녀가 아버지에게 남근을 요구하면서 오이디푸스로 들어간다면, 소년은 자신의 페니스를 보호하기 위해 그토록 집착하던 대상, 즉 어머니를 내려놓으면서 오이디푸스를 떠난다. 이로써 소년은 어머니를 욕망의 대상에서 내려놓는다.

"여자아이가 기부의 상징계에 발을 들여놓게 되는 것은 자신이

남근을 소유하지 않았다는 사실 때문이다. 그 아이가 (…) 오이디푸스 콤플렉스에 들어가는 것은 남근을 가졌거나 갖지 않았다는 것과 관련이 있다. 소년은 (…) 그것으로 인해 오이디푸스로 들어가는 것이 아니라 거기에서 나온다. 오이디푸스 콤플렉스의 끝에서 (…) 그가 갖고 있는 것을 기증해야만 한다."[25] 라캉

거세와 박탈

거세가 상상이라면 박탈은 사실이다. 소녀의 벗은 몸을 보는 소년은 "저 애는 거세되었다"는 생각을 하지만, 소녀는 자신의 벗은 몸을 보면서 "나는 이미 거세되었다"는 확인을 한다. 소년의 거세가 자신도 그 중요한 게 없어질 수 있다는 불안한 생각이라면, 소녀의 박탈은 자신이 갖고 있으리라고 믿었던 그 중요한 것이 없음을 확인하는 고통이다.

박탈, (…) 특별히 이것은 여자에게 페니스가 없다는 것, 그래서 그것이 박탈되었다는 사실이다. 이 사실과 이 사실의 인정

오이디푸스 관련 프로이트와 라캉의 저작 발췌
Extraits des œuvres de S. Freud et de J. Lacan sur l'Œdipes

은 프로이트가 우리에게 제시한 거의 모든 사례의 진행에 지속적인 영향력을 갖는다. (…) 거세는 (…) 여자의 페니스 부재라는 실재 현실에 대한 이해를 기본으로 한다. (…) [여자들은] 주체의 주관성에서 거세되었다. 실재, 즉 현실에서 실재의 경험으로 내세웠던 것에서, 그[녀]들은 박탈되었다.

박탈에 대한 개념자체도 (…) 실저 안의 더상에 대한 상징화를 함축한다. (…) 두엇인가가 거기에 없다는 것이 의미하는 것, 그것은 그 무엇이 거기에 있을 가능성을 전제하고 있고, 그래서 실재에 (…) 상징의 질서를 도입하고 있음을 의미한다.

신경증의 시초에 느껴진 거세가 힘을 발휘한다고 해도, 그것의 목표는 (…) 상상의 대상이다. 그 어떤 거세도 (…) 결코 실재가 아니다."[26] 라캉

초자아, 오이디푸스의 열매

오이디푸스 콤플렉스의 후예인 초자아는 아이의 무의식 안에 투입되어 강요하는 법의 초상이며, 존재의 일상적인 중요한 선택들을 [관장하는] 내적 주인이다.

"오이디푸스 콤플렉스가 끝나면서 동시에 무의식 안에는 억압되었지만 항구 불변한 법이 세워진다. (…) 법은 (…) 실재에 기초하고 있는 오이디푸스 콤플렉스가 유산으로 남긴 중요한 형태로서, (…) [그 핵심을] 우리는 초자아라고 하는 가장 찌푸린, 가장 일그러진, 가장 다양한 형태로 각각의 주체에게 구체화된 것이라고 알고 있다."[27] 라캉

오이디푸스, 자아 이상의 모습

라캉에게 오이디푸스는 정상적인 길이며, 자아 이상의 가능한 형상 중 하나이다. 자아 이상은, 소년과 소녀가 받아들이도록

되어 있는 남성의 전형과 여성의 전형이다.

"오이디푸스 안에서 주체는 자신의 고유한 성을 받아들이게 된다. 그래서 남자에게 남성의 전형을 여자에게 여성의 전형을 수용하도록 한다. (…) 남성다움과 여성다움은 오이디푸스의 중요한 기능을 이해하는 용어이다. 여기서 우리는 오이디푸스가 자아의 이상이 갖는 기능에 직접적으로 연결된 위치에 있게 된다."[28] 라캉

"주체는 오이디푸스를 지나서 이성애에 이르기만 하면 되는 것이 아니다. 주체로서의 소년과 소녀는 모두 아버지의 기능을 올바르게 설정하는 것이 필요하다. 이것이 바로 모든 오이디푸스 문제의 핵심이다."[29] 라캉

거세는 아버지에서 아들로 전달된다

거세된다는 것은 우리의 몸과 욕망이 제한적이라는 것을 고통

스럽지만 인정하는 것이다. 나를 낳아 준 아버지, 지금 내가 된 아버지, 그리고 나를 이어가는 아들은 각자 자기에게 부과된 거세를 받아들여야만 한다.

"거세는 아들을 놀라게 하는 것이며, 또한 그것으로써 아들을 아버지의 기능에 바른 방식으로 접근시키고 있다고 하겠다. (…) 이렇게 거세는 아버지에서 아들로 전달된다."[30] 라캉

돌토와 근친상간의 금지

돌토는 부모에게 자녀들을 자신의 연장된 부분으로 삼지 않는 거세를 받아들일 것을 요구한다.

"부모들은 아이에 대한 지배를 지속하고 그의 생각 속에 자기 경험의 결과를 이식시키고 싶어 한다. 이것은 근친상간의 금지를 인정하지 않기 때문이다. 아이는 부모에 의해 주입된 모든 것을 내려놓아야만 한다. "네 아버지와 어머니를 떠나라"고 하

는 말은 부모의 유산을 찾을 수 없다는 의미가 아니다. 부모의 유산은 부모를 통해서가 아니라 자신의 경험으로부터, 강제적이지 않고 사랑의 결속으로 흐르지 않는다는 조건에서 생활 속의 타자들로부터 알게 된 것에서 스스로 힘들게 만들어내는 방식으로 찾게 된다는 의미이다."[31] 돌토

발췌문의 참고문헌

프로이트 S. Freud

1) *Abrégé de psychanalyse*, PUF, 14ᵉ éd. 1997, p. 58.
2) *L'Homme aux loups*, Payot, coll. "Petite Bibliothèque Payot", 2010, p. 175.
3) *Ibid.*, p. 229.
4) "Quelques types de caractères", in *L'Inquiétante Étrangeté et autres essais*, Gallimard, 1985, p. 166.
5) *Ma vie et la psychanalyse*, Gallimard, 1949, p. 65.
6) "Psychanalyse" et "Théorie de la libido", in *Résultats, idées, problèmes II*, PUF, 6ᵉ éd. 1998, p. 62.
7) *Freud présenté par lui-même*, Gallimard, 1984, p. 57.
8) *Ibid.*, p. 58.
9) "Un enfant est battu", in *Du masochisme*, Payot, coll. "Petite Bibliothèque Payot", 2011, p. 133.
10) *Ibid.*, p. 152.
11) "La féminité", in *Nouvelles conférences d'introduction à la psychanalyse*, Gallimard, 1984, p. 173.
12) "Sur la sexualité féminine", in *La Vie sexuelle*, PUF, 13ᵉ éd. 1997, p. 142.
13) *Le Moi et le Ça*, Payot, coll. "Petite Bibliothèque Payot", 2010, p. 80-81.
14) "Un enfant est battu", in *Du masochisme, op. cit.*, p. 162.
15) *Ibid.*, p. 142-143.
16) "La féminité", in *Nouvelles conférences d'introduction à la psychanalyse, op. cit.*, p. 161.

오이디푸스 관련 프로이트와 라캉의 저작 발췌
Extraits des œuvres de S. Freud et de J. Lacan sur l'Œdipes

라캉 J. Lacan

17) "Les complexes familiaux dans la formation de l'individu", in *Autres Écrits*, coll. "Le champ Freudien", Éditions du Seuil, 2001, p. 47.
18) *Ibid.*, p. 61.
19) *Le Séminaire*, Livre IV, *La Relation d'objet (1956-1957)* (texte établi par Jacque-Alain Miller), coll. "Le Champ Freudien", Éditions du Seuil, 1994, p. 110.
20) *Ibid.*, p. 69.
21) *Le Séminaire*, Livre V, *Les Formations de l'inconscient (1957-1958)* (texte établi par Jacque-Alain Miller), coll. "Le Champ Freudien", Éditions du Seuil, 1998, p. 166.
22) *Ibid.*, p. 174-175.
23) *Le Séminaire*, Livre IV, *La Relation d'objet, op. cit.*, p. 84.
24) *Ibid.*, p. 81-82.
25) *Ibid.*, p. 123.
26) *Ibid.*, p. 218-219.
27) *Ibid.*, p. 211.
28) *Le Séminaire*, Livre V, *Les Formations de l'inconscient op. cit.*, p. 166.
29) *Le Séminaire*, Livre IV, *La Relation d'objet, op. cit.*, p. 211.
30) *Le Séminaire*, Livre XVII, *L'Envers de la psychanalyse (1969-1970)* (texte établi par Jacque-Alain Miller), coll. "Le Champ Freudien", Éditions du Seuil, 1991, p. 141.
31) Dolto, F., revue *Approches*, n° 40, 1980.

오이디푸스 관련 참고문헌

프로이트 S. Freud

La Naissance de la psychanalyse, PUF, 1979, p. 198.

"L'hérédité et l'étiologie des névroses", in *Névrose, psychose et perversion*, PUF, 12ᵉ éd. 1997, p. 55-59.

"Nouvelles remarques sur les psychonévroses de défense", in *L'Homme aux rats. Un cas de névrose obsessionnelle*, Payot, coll. "Petite Bibliothèque Payot", 2010, p. 163-164.

"L'étiologie de l'hystérie", in *Névrose, psychose et perversion, op. cit.*, p. 103-105.

Le petit Hans. Analyse de la phobie d'un garçon de cinq ans, Payot, coll. "Petite Bibliothèque Payot", 2011, p. 196-198, 239-250.

L'Homme aux rats, op. cit., p. 96-98.

"Sur l'éducation sexuelle des enfants: lettre ouverte au Dr. Moritz Füzot", in *Le petit Hans, op. cit.*, p. 58-262.

"Les théories sexuelles infantiles", in *La Vie sexuelle*, PUF, 13ᵉ éd., 1997, p. 14-27.

Cinq leçons sur la psychanalyse, Payot, coll. "Petite Bibliothèque Payot", 2010, p. 33-43.

"Du rabaissement le plus commun de la vie amoureuse", *ibid*, p. 50-51, 65-66.

Totem et Tabou, Payot, coll. "Petite Bibliothèque Payot", 2001, p. 179-187, 200-204, 219-220.

L'Homme aux loups. D'une histoire de névrose infantile, Payot, coll. "Petite Bibliothèque Payot", 2010, p. 174-176, 228-229.

"Le tabou de la virginité", in *Psychologie de la vie amoureuse, op. cit.*, p. 92-100.

"Un enfant est battu", in *Du masochisme*, Payot, coll. "Petite Bibliothèque Payot", 2011, p. 132-133, 159-162.

Psychologie des foules et analyse du moi, Payot, coll. "Petite Bibliothèque Payot", 2012, p. 67-75.

Le Moi et le Ça, Payot, coll. "Petite Bibliothèque Payot", 2012, p. 69-88, 108-123.

"L'organisation génitale infantile", in *La Vie sexuelle, op. cit.*, p. 75-78.

"La disparition du complexe d'Œdipe", *Ibid*, p. 117-122.

"Le problème économique du masochisme", in *Du masochisme, op. cit.*, p. 175-185.

"Quelques conséquences psychologiques de la différence anatomique entre les sexes", in *La Vie sexuelle, op. cit.*, p. 123-132.

"Auto-présentation", in *Sigmund Freud présenté par lui-même*, Gallimard, 1984, p. 57-58.

Inhibition symptôme et angoisse, PUF, 1971, p. 19-29.

"Dostoïevski et le parricide", in *Résultats, idées, problèmes II*, PUF, 6e éd. 1988, p. 173-175.

Le président Wilson, Payot, coll. "Petite Bibliothèque Payot", 2005, p. 105, 107-108, 116-117, 144.

Malaise dans la civilisation, Payot, coll. "Petite Bibliothèque Payot", p. 150-152.

"Sur la sexualité féminine", in *La Vie sexuelle, op. cit.*, p. 139-153.

라캉 J. Lacan

"Les complexes familiaux dans la formation de l'individu", in *Autres écrits*, Seuil, 2001, p. 23-84.

Le Séminaire, Livre III, *Les Psychoses*, Seuil, 1981, p. 191-193, 197-201.

Le Séminaire, Livre IV, *La relation d'objet*, Seuil, 1994, p. 42-58, 59-75, 81-92, 108-110, 139-144, 190-195, 221-245, 269-284.

Le Séminaire, Livre V, *Les Formations de l'inconscient*, Seuil, 1998, p. 161-212.

"Le mythe individuel du névrosé", in *Ornicar?*, 1979, n° 17/18, p. 289-307.

Le Séminaire, Livre VII, *L'Éthique de la psychanalyse*, Seuil, 1986, p. 323-333, 351-358.

Le Séminaire, Livre XVII, *L'Envres de la psychanalyse*, Seuil, 1991, p. 126-151.

Écrits, Seuil, 1966, p. 178-188, 249-250, 277-278, 351-362, 460-461, 554-556, 602, 685-695, 823-825.

그밖에 저자들

ABRAHAM, K. *Œvres complètes*, tome I et II, Payot, 1965.

DELEUZE, G., et GUATTARI, F., *L'Anti-Œdipe*, Éditions de Minuit, 1971.

DOLTO, F., *L'Évangile au risque de la psychanalyse*, tome II, Seuil, 1977, p. 71-76.

—, *L'Image inconsciente du corps*, Seuil, 1984, p. 186-199.

—, *Au jeu du désir*, Seuil, 1981, p. 194-244.

GRAVES, R., *Les Mythes grecs*, Fayard, 1967.

HEIMANN, P., "A contribution to the re-evaluation of Œdipus Complex. The earley stages", in *International Jounal of Psychanalysis*, 1921.

JONES, E., *Théorie et pratique de la psychanalyse*, Désir/Payot, 1977.

KLEIN, M., "Les stades précoces du conflit œdipien", "Le complexe d'Œipe éclairé par les angoisses précoces", in *Essais de psychanalyse*, Payot, 1968.

LAMPL DE GROOT, J., "Re-evaluation of the role of the Œdipus Complex" in *International Journal of Psychanalysis*, 1952. "The prœdipal phase in the development of the lame child", in *International Jounal of Psychoanalysis*, 1946. "The evolution of Œipus Complex in women", in *International Journal of Psychanalysis*, 1928.

LAPLANCHE, J., et PONTALIS, J.-B., *Vocabulaire de la psychanalyse*, PUF, 1997, p. 79-84.

MIJOLLA, A. DE, et MIJOLLA MELLOR, S. DE, (sous la direction de), *Psychanalyse*, PUF, 1996, P. 72, 294, 506, 521-522.

MULLAHY, R. *Œipe, du mythe au complexe*, Payot, 1951.

NASIO, J.-D., "Le concept de castration", "Le concept de Phallus", et "Le concept de surmoi", in *Enseignement de 7 concepts cruciaux* de la *psychanalyse*, Payot, 2001, p. 17-49, 53-72 et 215-247.

ODIER, C., "Une névrose sans complexe d'Œipe?", in *Revue française de psychanalyse*, 1933.

ORTIGUES, M.C. et ORTIGUES, E., *L'Œipe africain*, P on, 1966.

ROSOLATO, G., "Du père", in *Études sur le symbolique*, Gallimard, 1970.

ROUDINESCO, E. et PLON, M., *Dictionnaire de la psychanalyse*, Fayard, 1997, p. 743-747.

RUFO, M., *Œdipe toi-même! Consultation d'un pédopsychiatre*, Éd. Anne Carrière, 2000.

SOPHOCLE, *Œdipe roi*, Les Belles Lettres, 1985.

THIS, B., *Le Père, acte de naissance*, Seuil, 1991.

오이디푸스

정신분석의 가장 근본적 개념

발행일 2017년 2월 16일 초판 1쇄 발행
       2021년 3월 19일 초판 2쇄 발행

지은이 장-다비드 나지오
옮긴이 표원경

펴낸이 표원경
디자인 Studio Miin 김민정
펴낸곳 한동네

주   소 14900, 경기도 시흥시 하우로 145번길 35
전   화 070-4159-1230   팩   스 031-311-1232
원고 접수 cello-freesia@hanmail.net
출판 등록 2015년 4월 2일

ISBN 979-11-956010-1-1 93180

• 이 책의 한국어판 저작권은 신원에이전시를 통해 저작권자와 독점 계약한 도서출판 한동네에 있습니다.
  저작권법에 의해 한국 내에서 보호를 받는 저작물이므로 인용이나 복사를 원하시는 분은 허락을 받으셔야 합니다.
• 잘못되거나 파손된 책은 구입하신 곳에서 바꿔드립니다.

이 책의 국립중앙도서관 출판도서목록(CIP)은 e-CIP누리집(http://www.nl.go.kr/ecip)에서 이용하실 수 있습니다. (CIP제어번호 : 2017001907)

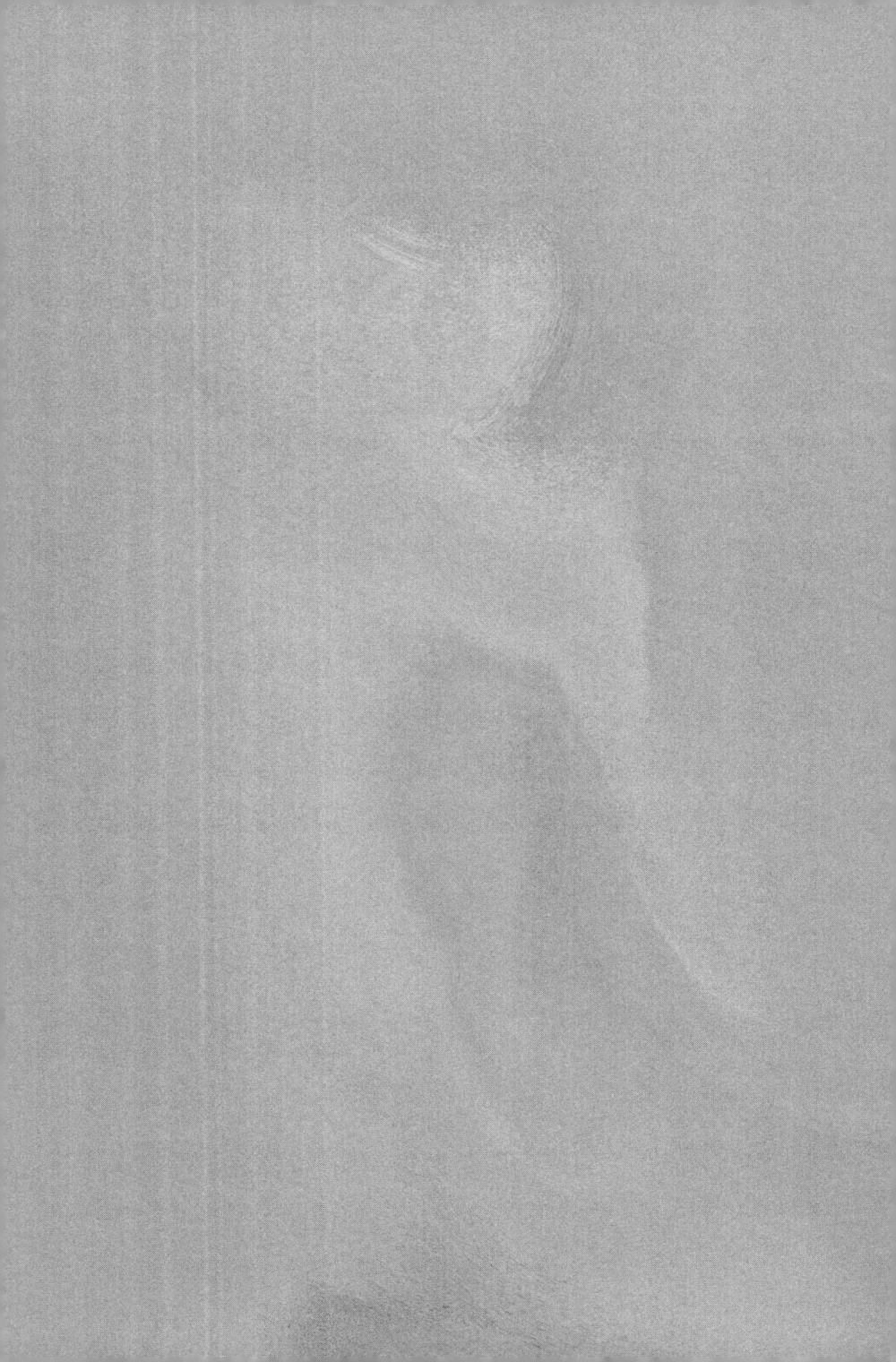